Eugen Abel

Klassische Reitlehre

Grundsätze, Regeln und Anweisungen
für das Reiten gerittener und junger Pferde
und für den Reitunterricht

Franckh'sche Verlagshandlung
Stuttgart

Herausgegeben von Dr. Marion Giebel

79 Zeichnungen von Gisela Holstein

Umschlaggestaltung von Siegfried Fischer unter Verwendung eines Fotos von Armin Rudert

CIP-Kurztitelaufnahme der Deutschen Bibliothek

Abel, Eugen:
Klassische Reitlehre : Grundsätze, Regeln u. Anweisungen für d. Reiten gerittener u. junger Pferde u. für d. Reitunterricht / Eugen Abel. [Hrsg. u. bearb. von Marion Giebel. 79 Zeichn. von Gisela Holstein]. – Stuttgart : Franckh, 1983.
(Franckhs Reiterbibliothek)
ISBN 3-440-05155-2
NE: Giebel, Marion [Bearb.]

Franckh'sche Verlagshandlung, W. Keller & Co., Stuttgart/1983

Printed in Germany/Imprimé en Allemagne/L 9sp Hrr/ISBN 3-440-05155-2
Gesamtherstellung: Brönner & Daentler KG, Eichstätt

Klassische Reitlehre

Einführung

Der Umgang mit Pferden fordert den Reiter ständig dazu heraus, seine Kenntnisse zu erweitern, seine Methoden zu verfeinern, kurz, sein reiterliches Handwerk bis zur Reitkunst zu steigern. Auf einer soliden Basis von Wissen und Können wird der Reiter imstande sein, jene Harmonie mit dem Pferd herzustellen, die seit jeher Ziel und Zweck des sportlichen Reitens ist.

Um dieses Ziel zu erreichen, bedarf es eines Systems von fein abgestuften Einwirkungen, die sowohl dem anatomischen Gebäude und der Muskeltätigkeit wie auch der Psyche des Pferdes angepaßt sein müssen. Das Wissen um diese Dinge befähigt den Reiter dazu, durch seine Einwirkungen das Pferd zu beherrschen, es ermöglicht ihm aber auch, es so zu reiten, daß es seine Kraft und Gewandtheit auch unter dem Reitergewicht voll und ganz entfalten kann, ohne vorzeitig verbraucht oder in seiner Gesundheit geschädigt zu werden. Das heißt: Gebrauch ohne Verbrauch.

Nur bei einer artgemäßen Behandlung des Pferdes wird man die gewünschten sportlichen Leistungen erzielen. Deshalb sollte man sich kurz einige Grundtatsachen der Pferdekunde ins Gedächtnis rufen.

Das Pferd gehört in die Klasse der Säugetiere und bildet zusammen mit dem Wildpferd, dem Zebra und dem Esel die Gruppe der Einhufer. Nach einer Tragzeit von 12 Mondmonaten, also 336 Tagen, kommt das Fohlen zur Welt und erhält seine erste Nahrung von der Mutter. Nach einer Ruhezeit von etwa acht Tagen, die es im Stall verbringt, kommt es mit der Mutter auf die Weide. Dort erhält es die für seine Entwicklung notwendige Bewegung und wird allmählich zur selbständigen Nahrungsaufnahme angeleitet. Das erste Lebensjahr ist für die Entwicklung des Pferdes die entscheidende Zeit. Neben dem Grünfutter auf der Weide erhält es die Muttermilch, und wenn es mit etwa vier Monaten abgesetzt wird, Kraftfutter, und zwar soviel Pfund pro Tag, wie es Monate alt ist. Auch das zwei- und dreijährige Jungpferd hat noch Weidegang; es braucht Licht, Luft und Bewegung. Die Fütterung hat nach genauen Fütterungsplänen zu erfolgen, die eine ausgewogene Menge an nötigen Aufbaustoffen garantieren. Beim heranwachsenden Jungpferd ist neben der Entwicklung der Knochen und Muskeln auch dem Huf gründliche Beachtung zu schenken. Das Pferd leistet die Arbeit mit den Beinen; ob auf hartem Asphalt oder in tiefem Sandboden, der Huf hat

die ganze Last zu tragen. Nur mit vollkommen gesunden und richtig entwickelten und gepflegten Hufen kann das Pferd gute Arbeit verrichten.
Die Ausbildung des jungen Pferdes sollte eigentlich nicht vor vollendetem 4. Lebensjahr beginnen, da erst dann die körperliche Entwicklung völlig abgeschlossen ist. Beginnt man, wie es üblich ist, mit einem dreijährigen Pferd, so sollte man langsam und schonend vorgehen und mit dem Reitergewicht warten, bis sich die Rückenpartie genügend gekräftigt hat. Pferde, die offensichtlich noch etwas schwach und nicht voll entwickelt sind, sollte man noch eine Saison auf die Weide geben. Hat das Pferd seine bleibenden Zähne, also mit 5½ Jahren, so steht es im Vollbesitz seiner Kraft; es bedarf aber noch des ausgiebigen Trainings, bevor es zu Dauer- oder Höchstleistungen herangezogen werden kann. Dazu wird es im allgemeinen erst vom 7. Lebensjahr an fähig sein, ohne daß es dabei überanstrengt wird.
Das Pferd ist von Natur aus ein intelligentes, ungemein anpassungsfähiges Tier. Beim Hauspferd aber, das im Stall gehalten wird, den größten Teil des Tages im Stall verbringt, womöglich noch im Ständer mit dem Kopf zur Wand, wird der Grad der Intelligenz stark herabgesetzt. Es wird daher im Straßenverkehr auch eher scheuen, eine Folge der nicht artgemäßen Pferdehaltung. Wenn das Pferd durch eine Außenbox und täglichen Auslauf Kontakt mit seiner Umwelt hat, wird seine angeborene Ängstlichkeit gemindert, und es vermag seine positiven Anlagen besser zu entfalten. Es besitzt ein besonders gutes Gedächtnis, dazu ein großes Einfühlungs- und Orientierungsvermögen.
Von seinen Sinnen ist der Geruchssinn am stärksten ausgeprägt (es will ihm fremde Gegenstände beschnuppern); dann kommt das Gehör und erst dann das Gesicht. Infolge seiner Augenstellung kann das Pferd auch schräg nach rückwärts sehen. Darauf ist besonders im Straßenverkehr vorsorglich zu achten.
Die Erziehung und Ausbildung des Pferdes beruht nicht auf Zwang, sondern in erster Linie auf Gewöhnung, wobei man sich das gute Gedächtnis und die Anpassungsfähigkeit des Pferdes zunutze macht. Hat das Pferd erst einmal verstanden, was es tun soll, so wird es bei ständiger Wiederholung das Verlangte willig ausführen.
Zur Erziehung gehört auch die allgemeine Gewöhnung an den Menschen und besonders an den Reiter. Leider beschäftigen sich die meisten Reiter viel zu wenig mit ihren Pferden. Das gilt für Pferdebesitzer wie für Reitschüler gleichermaßen. Oft begnügt man sich damit, das gesattelte Pferd zu

besteigen. Kein Wunder, wenn dann beim Reiten jene Harmonie ausbleibt, die das Schönste an diesem Sport ist! Wenn der Reitschüler im Reitbetrieb nicht die Möglichkeit hat, das Pferd zu satteln und aufzutrensen, so sollte er sich wenigstens mit dem Pferd unterhalten, bei einem Pferd, das schon eine Stunde gegangen ist, die Sattelung überprüfen, die Satteldecke glattziehen und die Hufe auskratzen. Nach der Reitstunde kann der Reitschüler wenigstens selbst den Gurt lockern und seinem Pferd durch ein Stückchen Zukker, Rübe oder Brot seinen Dank und seine Zufriedenheit zum Ausdruck bringen. Wer schon als Reitschüler an den persönlichen Kontakt mit dem Pferd gewöhnt ist, wird diesen auch beibehalten und vertiefen, wenn er als fortgeschrittener Reiter selbst Pferde besitzt und ausbildet.
Zum gegenseitigen Verständnis von Pferd und Reiter dienen auch Lob und Strafe. Für beides hat das Pferd volles Verständnis und ein ausgezeichnetes Gedächtnis. Während des Reitens kann man loben durch kurze Zurufe, durch Abklopfen oder Überstreichen und bei schwierigen Lektionen durch Einlegen von Ruhepausen mit lobendem Abklopfen oder durch Beenden der Übung.
Die Strafe besteht in verstärkter, nachdrücklich wiederholter Einwirkung, verbunden mit tadelndem Zuruf. Das Pferd reagiert sehr gut auf den Tonfall der Stimme und weiß Anerkennung und Mißbilligung genau zu unterscheiden. Beim strafenden Gebrauch von Gerte oder Sporen muß der Reiter fest einsitzen und mit der Hand nachgeben, um die womöglich heftige Vorwärtsreaktion des Pferdes herauszulassen. Es ist wichtig, daß jede Strafe unmittelbar auf dem Fuße folgt, da sonst das Pferd nicht versteht, warum es gestraft wurde, und daher sein Verhalten auch nicht korrigieren kann.
Neben den Einwirkungen mit Gewicht, Schenkel und Zügel kann sich der Reiter auch der Stimme, des Zungenschlages, der Gerte und der Sporen bedienen. Die Stimme kann beruhigend, anregend und tadelnd wirken; von ihr wird besonders bei der Arbeit an der langen Leine, beim Longieren, Gebrauch gemacht. Der Zungenschlag wirkt anregend und wird oft bei den letzten Galoppsprüngen vor einem Hindernis angewandt. Auch beim Angaloppieren junger Pferde bedient man sich des Zungenschlages.
Die Gerte (biegsam und mindestens 1 m lang) wird an der Schulter oder hinter dem Schenkel angewandt; sie wirkt anregend, vor allem bei jungen Pferden, die noch nicht an die Schenkelhilfen gewöhnt sind. Der Gebrauch der Sporen dient zur Verstärkung der Schenkelhilfen bei wenig empfindli-

Abb. 1. Richtiger Sitz auf der tiefsten Stelle des Sattels

chen und faulen Pferden. Der Sporn wird jeweils nur kurz und nachdrücklich hinterm Gurt angelegt.

Scheuende Pferde sind mit der Stimme zu beruhigen und durch Eingehen in eine höhere Gangart oder in ein stärkeres Tempo an den Zügel zu stellen. Scheut ein Pferd vor einem von vorn kommenden Gegenstand, so stellt man den Kopf nach der entgegengesetzten Richtung und reitet von dem betreffenden Objekt vorwärts-seitwärts weg. Scheut das Pferd vor etwas, das von hinten kommt, so stellt man es nach der Seite, von welcher der furchterregende Gegenstand kommt, damit das Pferd ihn sehen und erkennen kann.

Vom Reiter wird in erster Linie gefordert, daß er in die Bewegungen des Pferdes eingeht und ihnen folgt.

Die Bewegungen des Pferdes sind Muskelarbeit, die von der Hinterhand ausgehend über die Rücken- und Bauchmuskeln und von da über die Schulter und den Hals bis ins Genick sich fortpflanzen. Diese Muskelarbeit kann der Reiter mit den losgelassenen Muskeln seines Gesäßes, seiner Ober- und Unterschenkel und endlich auch in seinen Händen fühlen. Voraussetzung für das »Fühlenkönnen« ist ein richtiger Sitz, bei dem der Reiter mit dem Gesäß gut nach vorwärts und stets auf der tiefsten Stelle des Sattels sitzt. Mit seinen Oberschenkeln soll er so umfassend sitzen, daß er das Pferd zwischen sich hat; die Unterschenkel müssen in steter weicher Anlehnung an den Flanken anliegen.

Die von den Hinterbeinen ausgehenden Bewegungen der Bauchmuskeln fühlt der Reiter zunächst mit seinen Unterschenkeln. Das Pferd wölbt sich auf der Seite des vortretenden Hinterfußes (Beugeseite) mehr auf; hierdurch kommt die Wade in stärkere Fühlung mit dem Pferdeleib und kann nun, bei gleichbleibendem Anlegen, der Muskelbewegung folgen oder, die Anlehnung zum Druck verstärkend, eine vortreibende Hilfe geben, die sich das Pferd gewissermaßen selbst holt.

Die Vorwärtsbewegung überträgt sich außerdem auf die Rückenmuskeln des Pferdes, die auf der Beugeseite mehr zusammengezogen (aufgewölbt), auf der Streckseite mehr gedehnt werden. Diese Muskeltätigkeit fühlt der Reiter mit dem Gesäß, das auf der Beugeseite gehoben, auf der Streckseite aber gesenkt wird. Geht der Reiter also richtig in diese Bewegung ein, so entlastet er den Gesäßknochen auf der Beugeseite und belastet den Gesäßknochen auf der Streckseite.

Obwohl der Reiter das Aufwölben der Rückenmuskeln der Beugeseite mit seinen losgelassenen Gesäßmuskeln wahrnehmen kann, wird er während des Vorsetzens des Hinterfußes der Beugeseite das Gefühl haben, mit der gleichseitigen Hüfte etwas tiefer zu kommen, was wohl dem verstärkten Beugen der Gelenke und dem dadurch bedingten Einsinken der Hüfte des Pferdes entsprechen dürfte. Der Reiter muß aber, um die Tätigkeit der Rükkenmuskeln nicht zu stören oder zu unterbrechen, die Beugeseite ent- und die Streckseite belasten.

Abb. 2. Das Pferd wölbt die Rückenmuskeln auf der Seite des vortretenden Hinterfußes (Beugeseite) mehr auf; auf der gegenüberliegenden Streckseite werden die Rükkenmuskeln mehr gedehnt.

In der Gangart Galopp wölbt das Pferd seine Wirbellinie während des Vorgreifens der Hinterbeine auf, während es beim Vortreten des inneren Vorderfußes den Rücken wieder dehnt und senkt. Dieser Bewegung des Rückgrats folgt der Reiter, indem er beim Aufwölben den Schwerpunkt seines Oberkörpers mit angezogenem Kreuz leicht nach vorwärts verlegt, während er in der Streckbewegung mit dem Gesäß eine nach vorwärts schiebende Bewegung ausübt. Dabei darf er aber den Oberkörper nicht hinter die Senkrechte bringen. Legt sich der Reiter während des Aufwölbens zu weit nach vorn, wird sein Gesäß aus dem Sattel gehoben, und er verliert seinen festen Sitz.

Nicht immer wird aber der Reiter gefühlsmäßig in die Bewegungen des Pferdes eingehen dürfen, sondern er wird sich zur richtigen Hilfengebung (Gewichtshilfen) veranlaßt sehen, den Gesäßknochen der Beugeseite zu belasten. Dies ist besonders beim Reiten von gebogenen Linien der Fall, wobei der innere Hinterfuß mehr fixiert und in seinen Gelenken mehr gebeugt werden muß. Daher lautet die Regel: innere Hüfte tief, Gewichtsverlagerung nach innen, inneren Gesäßknochen mehr belasten. Anders beim Angaloppieren, wobei der äußere Hinterfuß mehr fixiert und gebeugt werden muß, damit er dann die ganze Masse schwungvoll und energisch vorschnellen kann. Hier muß also der Reiter, ohne sich zurückzulegen, den äußeren Gesäßknochen mehr belasten; dennoch wird die innere Hüfte tief und nach vorne genommen, die äußere Schulter gut mitgenommen und der Schwerpunkt des Oberkörpers nach innen, also vorwärts in die Bewegung verlegt.

Das Mitgehen mit der Bewegung (den Bewe-

Abb. 3. Angaloppieren: Schwerpunkt des Oberkörpers nach innen, jedoch äußeren Gesäßknochen belasten, um den äußeren Hinterfuß vermehrt zu fixieren und zu beugen.

Abb. 4. Richtiges Eingehen in die Bewegung beim Linksgalopp.

Abb. 5. Reiter hinter der Bewegung im Linksgalopp.

gungen des Pferdes folgen) ist Sache der Hüften und des Gesäßes, der richtigen Schwerpunktverlagerung des Oberkörpers und auch Sache der Schenkel, besonders der Unterschenkel; die Hauptsache ist ein stetes Vorschieben und Mitgehen der Hüfte und des Gesäßes, wofür die Geschmeidigkeit des Reiters in den Hüften entscheidend ist. Bei den Gangarten Trab und Galopp muß der Reiter mit seinem Schwerpunkt stets in richtiger Übereinstimmung mit dem Schwerpunkt des Pferdes bleiben. Da dieser sich stets nach vorwärts bewegt, muß auch der Reiter mit seinem Schwerpunkt nach vorne folgen. Er darf also keinesfalls mit dem Oberkörper zurückhängen, soll sich aber auch nicht mehr als unbedingt nötig nach vorne beugen. Die Unterschenkel liegen in leichter Fühlung am Pferd an. Da sich die Flanken durch die Tätigkeit der Rippen- und Bauchmuskeln auf der Beugeseite zusammenschieben, auf der Streckseite aber dehnen, ist ein geringes Vor- und Zurückgehen der Unterschenkel während einer solchen Bewegungsphase ganz natürlich.

Es ist wie gesagt sehr wichtig, daß der Reiter mit dem Schwerpunkt seines Oberkörpers der Bewegungsrichtung des Pferdes folgt. Dies ist einfach, wenn das Pferd geradegerichtet auf geraden und gebogenen Linien geht. Schwieriger wird es, wenn Biegung beziehungsweise Stellung des Pferdes und Richtung der Vorwärtsbewegung nicht übereinstimmen, ja sogar entgegengesetzt sind. Das erstere ergibt sich beim Schenkelweichen und beim Üben der Längsbiegungen, das zweite bei Seitengängen wie z. B. Schulterherein.

Bei solchen Übungen muß der Reiter die innere Hüfte entsprechend der Biegung des Pferdes und der erforderlichen stärkeren Belastung des inneren Hinterfußes tiefer nehmen. Mit dem Schwerpunkt des Oberkörpers aber muß er in die Bewegungsrichtung des Pferdes eingehen. Der Reiter kann dieser Forderung nachkommen, wenn er schmiegsam und weich im Hüftgelenk ist, wenn sich die Bewegung der Schultern nicht auf die Hüften und die der Hüften nicht auf die Schultern überträgt. Um den erwünschten unabhängigen Sitz und eine geschmeidige Hüftpartie zu erreichen, sollte man geeignete gymnastische Übungen ausführen (vgl. S. 31 f.).

Durch richtiges Eingehen in die Bewegungen des Pferdes und durch Mitgehen mit der Bewegung entwickelt sich allmählich das richtige Reitergefühl, das auch als »Reitertakt« bezeichnet wird. Es entsteht aus der Erkenntnis, daß der Erfolg beim Reiten nicht in der Kraftanwendung, sondern im geschickten Einsatz der Hilfen besteht. Dazu gehört die Fähigkeit zu erken-

Abb. 6. Fluß der Bewegung beim geradegerichteten und am Zügel stehenden Pferd: vom auffußenden Hinterbein über Rücken, Hals und Genick bis in die Zügelhand.

nen, welche Hilfen erforderlich sind, und diese korrekt und im richtigen Maße zur Wirkung zu bringen. Das Wechselspiel der treibenden und verhaltenden Hilfen schiebt das Pferd zusammen und bewirkt seine Versammlung. Die biegenden inneren und die verwahrenden äußeren Hilfen geben ihm die für seine Schulung notwendige seitliche Biegung.

Bei der Schulung des Pferdes ist stets daran zu denken, daß die Ausbildung niemals einem einzelnen Körperteil, sondern immer dem ganzen Pferdekörper dienen soll. Daher ist auch jede Arbeit im Halten auf ein Minimum zu beschränken. Beim Zusammenwirken der treibenden und verhaltenden Hilfen muß stets beachtet werden, daß den treibenden der Vorrang gebührt: Das Losungswort der Reiterei heißt »Vorwärts«!

Das Pferd soll stets lebhaft und schwungvoll vorwärtsgehen und von hinten nach vorne ans Gebiß herantreten. Beim geradegerichteten Pferd ist die Vorhand so auf die Hinterhand eingerichtet, daß die Hinterfüße genau der

Bewegungsrichtung der Vorderfüße folgen. Nur so spürt der Reiter einen durchgehenden Fluß der Bewegung, der vom auffußenden Hinterbein über Rücken, Hals und Genick bis in die Zügelhand geht. Und er kann umgekehrt mit der Hand durch Genick, Hals und Rücken auf die Hinterfüße wirken. Auf diese Weise wird er die volle Losgelassenheit und absolute Durchlässigkeit erreichen.

Reitunterricht

Beim Reitunterricht ist stets auf folgendes zu achten:
- auf einen richtig gebauten und richtig liegenden Sattel;
- auf richtig verpaßtes Zaumzeug;
- auf ein richtig gehendes Pferd;
- auf richtigen Sitz des Reiters;
- auf richtige Einwirkungen des Reiters.

Der Reitunterricht soll auf dem Reitplatz, im Gelände und in der Reitbahn stattfinden. Die verschiedenartigen Lektionen sollen sich gegenseitig ergänzen.

Sattel

Nur auf einem richtig gebauten und gut liegenden Sattel kann der Reiter richtig sitzen und einwirken. Deshalb muß er vor jedem Aufsitzen die Sattellage prüfen.

Der Sattel liegt richtig, wenn der tiefste Punkt der Sitzfläche in der Mitte des Sattels liegt und zwar so, daß sich der Sitz und das Gewicht des Reiters über denjenigen Rückenwirbeln befindet, deren Dornfortsätze fast senk-

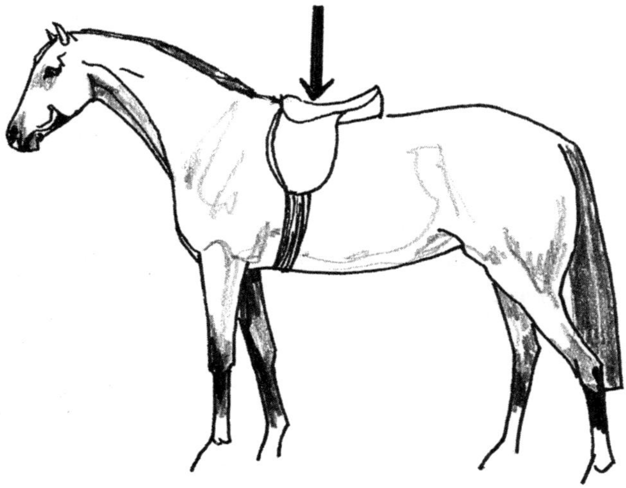

Abb. 7. Richtig aufliegender Sattel.

recht nach oben gerichtet sind (12.–14. Rückenwirbel); wenn seine Kammer vorn nicht auf dem Widerrist und seine Trachten nicht auf den Schultern, seine hinteren Auflageflächen nicht auf den Lendenmuskeln aufliegen und wenn seine Kammer so gebaut ist, daß sich der Reiter mit dem Spalt tief nach vorn in den Sattel einschieben kann.

Durch einen gut – aber nicht zu stark – angezogenen Sattelgurt muß der Sattel beim Reiten in seiner Lage festgehalten bleiben. Auf einem Sattel, der zu weit nach vorn oder zu weit nach hinten liegt, kann der Reiter unmöglich seinen Schwerpunkt in Übereinstimmung mit dem Schwerpunkt des Pferdes bringen.

Bei einem richtig verpaßten Sattel liegt

- der tiefste Punkt in der Mitte,
- der vordere Rand der Kammer etwa eine Handbreit hinter dem Mähnenansatz,
- der Vorderzwiesel zwei bis drei Finger über dem Widerrist,
- der vordere Rand des Sattelgurts eine Handbreit hinter dem Ellenbogenhöcker des Pferdes,
- und die Auflageflächen des Sattels drücken nicht auf die Lendenmuskeln.

Zaumzeug

Ebenso wichtig wie richtige Sattelung ist auch die richtige Zäumung. Gute und schlechte Zäumung haben weitgehenden Einfluß auf die Willigkeit und damit auf die Dressur des Pferdes. Es muß allen Reitern zur zweiten Natur werden, vor dem Aufsitzen auch die Zäumung nachzusehen. Manche vermeidbaren Unglücksfälle sind auf das Konto »falsche Zäumung« zu setzen.
Wir unterscheiden die Zäumung auf Trense und die Zäumung auf Kandare.
Wobei ist bei beiden Zäumungsarten besonders zu achten?

Zäumung auf Trense (Schul- oder Wassertrense)

Das Gebiß soll möglichst dick, sauber gehalten und frei von Rost und scharfkantigen Stellen sein. Es soll auf dem fleischigen Teil des Unterkiefers aufliegen, darf aber weder die Hakenzähne berühren noch die Maulwinkel des Pferdes hochziehen.
Der Nasenriemen soll 8 cm über dem oberen Nüsternrand liegen; der Kinnriemen des Reithalfters wird so geschnallt, daß Nasenriemen und Kinnriemen leicht anliegen. Bei Pferden, die die Neigung haben, das Maul aufzusperren, kann er etwas fester angezogen werden, aber nur so viel, daß das Pferd nicht am Abkauen gehindert wird. Der Kehlriemen muß so weit geschnallt sein, daß er unter der Wölbung des Backenknochens liegt.

Zäumung auf Kandare

Das Mundstück der Kandare muß genügend breit und wie die Trense stabil, frei von Rost und scharfen Stellen sein und soll wenig Zungenfreiheit haben. Es hat ebenfalls über den Hakenzähnen, und zwar in Höhe der Kinnkettengrube zu liegen. Die Anzüge (unterer Teil der Kandarenbäume) sollen etwa doppelt so lang sein wie die Obergestelle (oberer Teil der Kandare). Ihre Ringe liegen etwa in Höhe der (vorderen) Schneidezähne des Pferdes.

Die Kinnkette, richtig ausgedreht, liegt in der Kinnkettengrube und ist so eingehängt, daß bei anstehenden Kandarenzügeln die Anzüge der Kandare mit der Maulspalte einen halben rechten Winkel bilden.
Die dünner gehaltene Trense (Unterlegtrense) liegt über dem Kandaren-Mundstück an den Maulwinkeln an, darf diese aber nicht hochziehen.
Nasenriemen – etwas höher und über der Trense liegend – und Kehlriemen müssen wie bei Zäumung auf Trense geschnallt sein.

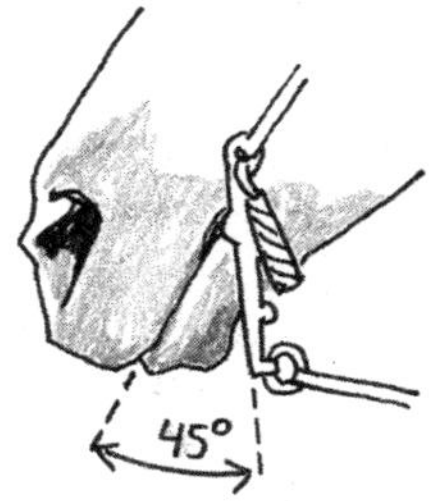

Abb. 8 (oben). Richtig verpaßte Trense mit Hannoverschem Reithalfter.

Abb. 9 (Mitte). Richtig verpaßte Kandare.

Abb. 10 (unten). Kandare mit anstehenden Kandarenzügeln; die Anzüge bilden mit der Maulspalte einen Winkel von 45°.

Das Pferd

Die Grundvoraussetzung jeder Reitausbildung ist ein korrektes Lehrpferd. Nur auf einem gut gerittenen und daher »richtig gehenden Pferd« kann man reiten lernen.

Ein Pferd geht richtig:

- wenn es aus einem elastisch federnden und nicht krampfhaft gespannten Rücken freie, schwungvolle und raumgreifende Tritte (Gangart: Schritt und Trab) oder Sprünge (Gangart: Galopp) macht,
- wenn die Gangarten und Tempi klar zum Ausdruck kommen,
- wenn es sich selbst trägt, d. h. wenn es ins Gleichgewicht gerichtet von hinten nach vorn an den leicht gespannten Zügel herantritt und dann sicher am Zügel steht,
- wenn es geradegerichtet bei allen Bewegungen auf einem Hufschlag mit der Hinterhand genau der Vorhand folgt,
- wenn es die Hilfen des Reiters willig annimmt.

Es ist selbstverständlich, daß Pferde, die viel zur Ausbildung von Anfängern verwendet werden, aus der Haltung kommen und in ihren Bewegungen das schwungvolle Arbeiten von hinten nach vorn vermissen lassen. Solche Pferde müssen dann wieder von Zeit zu Zeit in Ordnung gebracht, also systematisch nachgearbeitet werden. Hierzu dienen:

- das Reiten dieser Pferde durch ausgebildete oder fortgeschrittene Reiter;
- das Arbeiten an der Longe (ohne Reiter).

Ausbinden der Pferde

Zur Unterstützung von Reitanfängern empfiehlt es sich, die Pferde auszubinden. Sie gehen dadurch weicher, lernen wieder, sich abzustoßen, und der Anfänger kann bequemer sitzen. Er verkrampft sich weniger und erhält eher das Gefühl für das Mitgehen mit der Bewegung. Statt zwei Ausbinde-

Abb. 11. Ausgebundenes Pferd mit Ausbindezügeln.

Abb. 12. Ausgebundenes Pferd mit Stoßzügel.

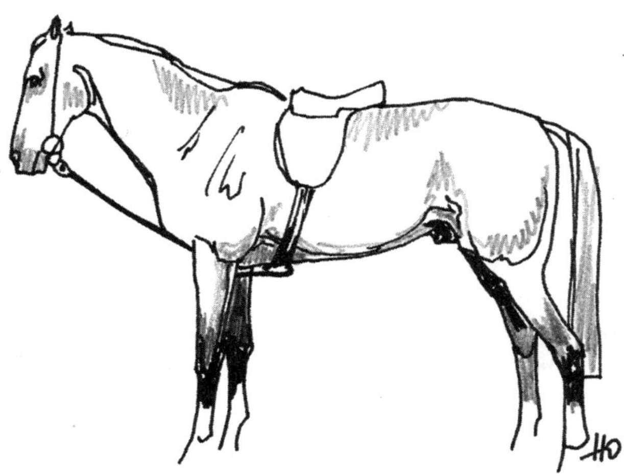

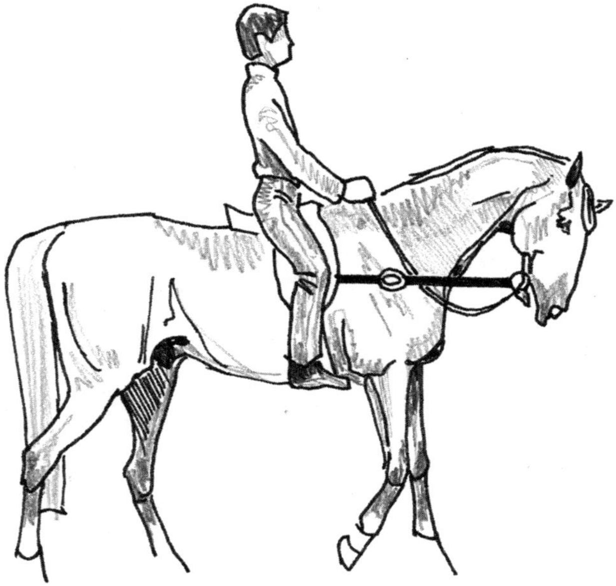

Abb. 13. Zu kurz geschnallte Ausbindezügel; fehlerhafte Haltung des Pferdes.

zügeln, die unterm Sattelblatt um den Gurt gelegt werden und parallel laufend in die Trensenringe eingeschnallt werden, kann man auch einen Stoßzügel verwenden, d. h. einen Ausbinder, der zwischen den Vorderbeinen hindurchlaufend vom Gurt zu einem Verbindungssteg zwischen den Trensenringen führt. Dieser Stoßzügel erlaubt dem Pferd mehr Bewegungsfreiheit nach der Seite hin. Er ist besonders für Pferde geeignet, die mit Ausbindern zu träge werden und den Schüler durch zu mühsames Treiben zu Sitzfehlern verleiten (Absätze hochziehen). Ausbindezügel dürfen niemals zu kurz geschnallt sein; das Pferd muß in allen Gangarten mit dem Nasenrücken noch etwas vor der Senkrechten gehen können. Auf keinen Fall darf es den Unterhals nach vorn herausdrücken.
Beim Anreiten junger Pferde wie auch beim Korrigieren aus der Haltung gekommener Pferde kann man das Ausbinden ebenfalls mit Vorteil verwenden. Wenn junge Pferde dem Gewicht des Reiters ausweichen, indem

sie im Rücken einsinken oder mit dem Kopf nach oben schlagen, bringt das Ausbinden nur einen scheinbaren Erfolg. Man sollte das Pferd eine Zeitlang nur longieren oder mit einem ganz leichten Reiter gehen lassen, bis sich der Rücken entsprechend gekräftigt hat.
Immer ist darauf zu achten, daß man durch das Ausbinden den Pferdekopf nicht zwangsweise gegen die Brust zieht. Das Pferd muß Kopf und Hals frei tragen können, mit dem Nasenrücken eine Handbreit vor der Senkrechten. Ob die Ausbindezügel gleich lang sind, prüft man, indem man vor dem Pferd stehend die Ausbinder am Trensenring zwischen Daumen, Zeige- und Mittelfinger ergreift und sie zu sich hin anspannt.
Wenn sich der Sitz der Reitschüler soweit gefestigt hat, daß sie sich nicht mehr am Zügel festzuhalten versuchen, kann man den Schulpferden die Ausbindezügel abnehmen.

Der Sitz des Reiters

Nur aus einem richtigen Sitz heraus kann der Reiter richtig auf sein Pferd einwirken, ihm korrekte, wohlabgemessene Hilfen geben, den Bewegungen des Pferdes, ohne es zu stören, folgen und seinen Schwerpunkt während der Bewegungsphasen in Übereinstimmung mit dem wechselnden Schwerpunkt des Pferdes bringen.
Es gibt nur diesen einen richtigen Sitz. Deshalb muß der junge Reiter vor allem den richtigen Sitz erlernen, und aus diesem Grund müssen auch alle Reiter immer wieder an ihrem Sitz arbeiten. Dazu gibt es kein besseres Mittel als häufiges Reiten ohne Bügel, und zwar auf möglichst vielen verschiedenartigen Pferden.
Nur beim richtigen Sitz sitzt der Reiter über dem 12. bis 14. Rückenwirbel. Dann liegt der Schwerpunkt seines Oberkörpers in Übereinstimmung mit dem des Pferdes.
Der Sitz soll weich und geschmeidig, nicht verkrampft und steif, aber auch nicht schlapp sein. Die Wirbelsäule und das Kreuz sind leicht angezogen, alle Gelenke müssen weich und federnd arbeiten können.

Neben der richtigen Körperhaltung ist besonders zu achten auf:
- Geschmeidigkeit der Hüften und des Knies,
- lockere Schultern, Ellenbogen und Handgelenke,
- gut vorgeschobenes Gesäß bei leicht angezogenem Kreuz und losgelassenen Gesäßmuskeln.

Dieser Sitz, bei dem der Reiter sich weder mit den Schenkeln am Pferd anklammert, noch sich mit den Händen an den Zügeln festhält, wird als Gleichgewichtssitz bezeichnet.

Der Sitz vermittelt die Verbindung des Reiters mit dem Pferde; sie wird ferner erreicht durch: Gleichgewicht, Schluß und Führung.

Das Gleichgewicht wird erhalten durch richtige Haltung und Mitgehen des Oberkörpers mit den Bewegungen des Pferdes bei weich anliegenden Schenkeln und durch Geschmeidigkeit im Hüft- und Kniegelenk.

Der Schluß wird erreicht durch richtige Lage der Oberschenkel vom Spalt bis zum Knie. Je mehr Anlagefläche der Oberschenkel am Sattel hat und je tiefer das Knie liegt, desto besser ist der Schluß. Die Oberschenkel sollen daher mit ihrer ganzen inneren breiten Fläche anliegen und so weit nach innen gedreht sein, daß das Knie flach am Sattel liegt. Die Geschmeidigkeit des Knies ist ebenso wie die der Hüften von wesentlicher Bedeutung. Durch vorübergehendes stärkeres Anlegen oder Andrücken der Oberschenkel, der Knie und des oberen Teils der Unterschenkel wird der Schluß fester. Ein festeres Schlußnehmen muß aber durch besondere Veranlassungen begründet sein.

Die Führung ist abhängig von der richtigen Haltung der Schultern, der Ober- und Unterarme und der richtigen Stellung der Hände.

Dem Sitz des Reiters dienen als Grundlagen

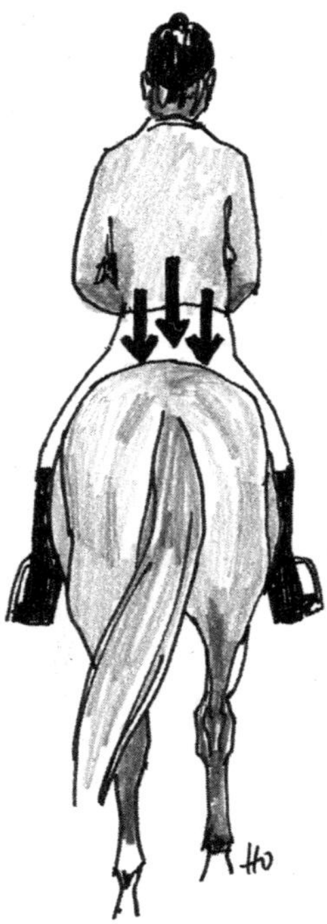

Abb. 14. Grundlage des Sitzes sind die beiden Gesäßknochen und der Spalt.

die beiden Gesäßknochen und der Spalt. Auf diese drei Sitzpunkte soll das Gewicht des Oberkörpers möglichst gleichmäßig verteilt sein. Das Gesäß selbst soll mit losgelassenen Muskeln in voller Breite auf dem Sattel ruhen.
Wichtig ist ferner die richtige Oberschenkellage. Die inneren Flächen sollen in voller Breite am Sattel anliegen; sie sollen lose aus der Hüfte herunterhängen: durch geschmeidiges Zurücknehmen sollen die Knie in eine möglichst tiefe Lage gebracht werden, weil hierdurch ein besseres Umfassen des Pferdes ermöglicht und der Reiter tiefer in den Sattel gebracht wird.
Die Unterschenkel selbst sollen stets in weicher Fühlung mit dem Pferdekörper sein.
Aus der aus dem losen und geschmeidigen Hüftgelenk kommenden richtigen und stets unveränderlichen Oberschenkellage und aus dem lose und geschmeidig im Kniegelenk gehaltenen Unterschenkel entwickelt sich der richtige Schenkelhang.
Bezüglich der Lage der Unterschenkel unterscheiden wir:
- Schenkel am Gurt: vortreibend;
- Schenkel eine Handbreit hinterm Gurt: verwahrend oder seitwärtstreibend.

Wie stark man den Unterschenkel anlegt, richtet sich jeweils nach dem Zweck:
- Unterschenkel in Bereitschaft, weich am Pferd anliegend: bereit zur Hilfengebung.
- Unterschenkel in Tätigkeit, bei tiefem Absatz und Anspannen der Wadenmuskeln Druck auf das Pferd ausübend: gibt entweder vortreibende Hilfen (Schenkel am Gurt) oder seitwärtstreibende Hilfen (Schenkel hinterm Gurt).
- Verstärktes Andrücken, besonders mit der oberen Wade, ergibt einen festeren Schluß. Der Reiter kann unerwünschte und plötzliche Bewegungen des Pferdes leichter aussitzen, er kann auch seine vorwärts- und seitwärtstreibenden Hilfen verstärken. Ist bei abgestumpften Pferden eine solche Verstärkung über längere Zeit nötig, benutze man lieber Gerte oder Sporen.

Bei jungen Reitern ist mit aller Entschiedenheit darauf zu dringen, daß bei allen Schenkelhilfen niemals die Absätze hochgezogen werden. Der Absatz muß immer der tiefste Punkt des Reiters bleiben. Zwar soll der Schenkel nur weich am Pferd anliegen, er darf aber dennoch nicht durch die Tätigkeit der Rippen- und Bauchmuskeln des Pferdes aus seiner Lage gebracht wer-

Abb. 15. Schenkel am Gurt und (gestrichelte Linie) Schenkel hinter dem Gurt.

den. Eine fortdauernde unruhig pendelnde oder gar klopfende und stoßende Bewegung der Schenkel zeigt an, daß der Reiter nicht im tiefsten Punkt des Sattels sitzt. Dieser Fehler muß beseitigt werden, denn ein dauerndes Klopfen mit den Schenkeln stört den Gang des Pferdes und stumpft sein Gefühl für Schenkelhilfen ab. Außerdem wird der Reiter sonst niemals zu einem ruhigen, losgelassenen und geschmeidigen Sitz kommen.
Beim Sitz in den Gangarten Trab und Galopp ist darauf zu achten, daß das Gesäß im Sattel bleibt und daß es bei gut nach vorn mitgenommener Hüfte und leicht angezogenem Kreuz von hinten nach vorn gegen den tiefsten Punkt des Sattels vorgeschoben wird. Fällt der Reiter mit dem Gesäß von vorn nach hinten in den Sattel zurück, so kommt er zu weit nach hinten, und zwar mehr gegen die Lendenwirbel des Pferdes zu sitzen. Er stört damit den Bewegungsablauf des Pferdes, das dann mit steifem Rücken und schleppender Hinterhand gehen wird. Der Reiter muß stets darauf achten, seinen Schwerpunkt in Übereinstimmung mit dem des Pferdes zu behalten. Dazu

Abb. 16. Störender Sitz zu weit hinten; das Pferd geht mit steifem Rücken und schleppender Hinterhand.

muß er ständig weich mit der Bewegung mitgehen und darf vor allem mit dem Oberkörper nicht hinter die Senkrechte kommen.

Sitzfehler

Sitzfehler werden verursacht:

1. durch fehlerhafte Haltung des Rückgrats
   a) durchgebogener Rücken (hohles Kreuz; steifer Sitz),
   b) gekrümmter Rücken (Buckel);
2. durch eine seitliche Verbiegung der Wirbelsäule (Einknicken der Hüfte; natürlicher Gleichgewichtssitz wird gestört);
3. durch Verdrehen der Oberschenkel
   a) nach außen (hohles oder offenes Knie),
   b) nach innen (angepreßtes Knie; die Geschmeidigkeit leidet, die Einwirkung der Unterschenkel wird ausgeschaltet);

Abb. 17. Stuhlsitz; das Pferd geht gegen den Zügel.

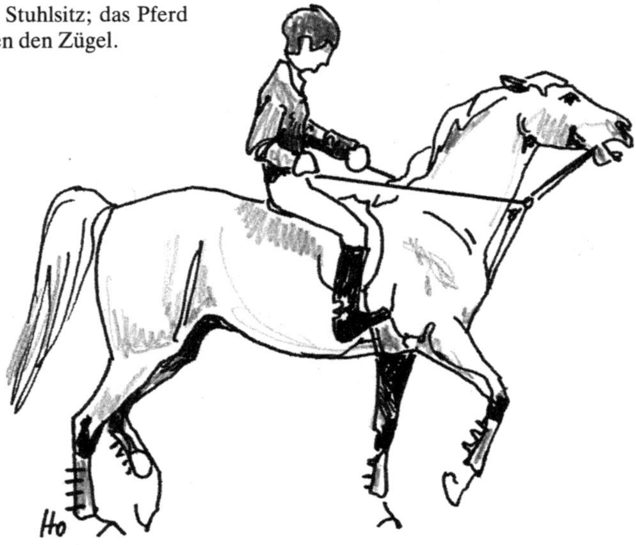

Abb. 18. Spaltsitz; das Pferd verkriecht sich hinter dem Zügel.

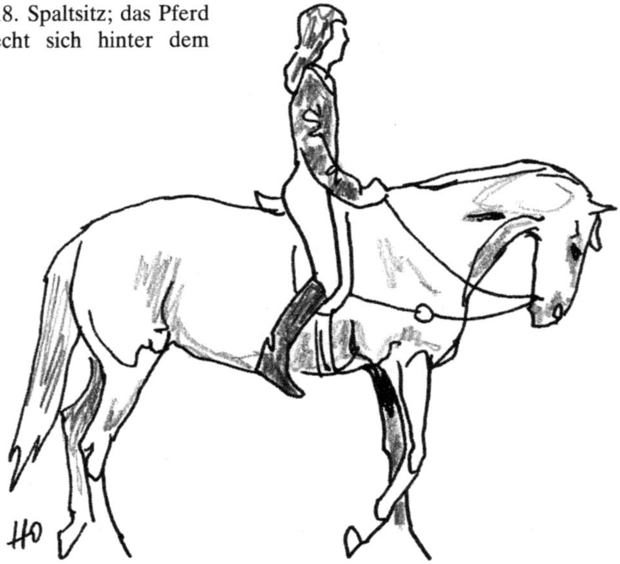

4. durch Verdrehen der Fußspitze
   a) nach außen (zu starke Unterschenkel- bzw. Sporenwirkung; scharfe Wade),
   b) nach innen (Unterschenkel kommt vom Pferd ab);
5. durch falsche Bügellänge
   a) zu kurz (Knie kommen zu hoch, und Gesäß wird nach hinten geschoben; Stuhlsitz),
   b) zu lang (Fußspitzen kommen zu tief, Unterschenkel wird steif vom Pferd weggestreckt, Reiter sitzt mit vorgeneigtem Oberkörper mehr auf dem Spalt als auf dem Gesäß; Spaltsitz). Die Tätigkeit des Unterschenkels zur Hilfengebung wird ausgeschaltet und die Stetigkeit des Sitzes erschwert.

Freiübungen und Sitzübungen

Zur Erzielung eines sicheren, ungezwungenen und vom Zügel unabhängigen Sitzes und zur Beseitigung von Sitzfehlern sind folgende gymnastische Übungen zu empfehlen:

1. Für eine bessere Lage der Oberschenkel:
   a) Heben beider Beine seitwärts-rückwärts mit gekrümmtem Knie und lose herabhängenden Fußspitzen (hierbei je nach der Veranlagung des Schülers Hände auf der Brust oder Hände auf dem

Abb. 19. Freiübungen zu Pferd: Rumpfdrehen und Seitwärtsschwingen der Arme.

Abb. 20. Freiübungen zu Pferd: Bewegen der Unterschenkel im Kniegelenk nach vorne.

Rücken unmittelbar über dem Steißbein kreuzen lassen),

b) Abheben eines Beins, Herumdrehen des Oberschenkels aus dem Hüftgelenk nach innen,

c) Knie abwärts stoßen (bei den Übungen b und c mit den Händen in den Sattel fassen lassen oder die Arme kreuzen).

2. Für einen unabhängigen Sitz und eine geschmeidige Hüftpartie:
   a) Rumpfbeugen seitwärts und vorwärts,
   b) Rumpfdrehen,
   c) Schwingen beider Arme.
3. Für eine unabhängige Beweglichkeit der Unterschenkel und des Fußes:
   a) Bewegen der Unterschenkel im Kniegelenk nach vorwärts,
   b) Fußrollen.

Bodenrickarbeit

Auch die Bodenrick- oder Cavalettiarbeit ist eine wichtige Übung für den geschmeidigen Gleichgewichtssitz. Sie dient außerdem zur Ausbildung junger Pferde und zur Korrektur älterer Pferde und wird im Schritt und im Trabe ausgeführt.

Cavalettiarbeit verhilft zu mehr Losgelassenheit und einem verbesserten Reitergefühl. Sie ist auch ein gutes Mittel, um Reiter und Pferd miteinander vertraut zu machen, lehrt den Reiter, seinen Schwerpunkt in Übereinstimmung mit dem des Pferdes zu erhalten, und bringt ihm das Gefühl für einen schwingenden Pferderücken bei. Übungen über Bodenricks sind wie Übun-

Abb. 21. Bodenrick

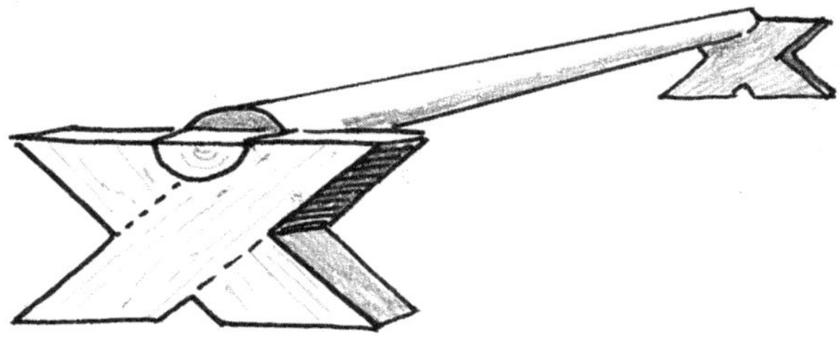

gen über Hindernisse und im Gelände ebenso notwendig wie die Arbeit auf ebenem Hufschlag.

Die Bodenricks sind etwa 1,50 m lange und 20 bis 50 cm hohe, aus Holz gebaute, bewegliche Ricks, die nicht zu leicht sein dürfen. Um sie auf verschiedene Höhen einstellen zu können, empfiehlt sich der Bau nach der Abbildung 21.

Abb. 22. Schrittarbeit über Cavalettis: Der Reiter lernt, sich in die Bewegungen des Pferdes einzufühlen. Dabei hält er sich zunächst an der Mähne fest, die Zügel sind geknotet.

Beim Treten über die Bodenricks ist darauf zu achten, daß das Pferd völlig frei über seinen Körper verfügen kann und vom Reiter nicht durch die Zügel gestört oder gar behindert wird. Da das Pferd beim Treten über die Ricks etwas höhere und freiere Tritte macht, wird der Reiter veranlaßt, mit seinen Schenkeln mehr Schluß zu nehmen. Hierbei soll gleichzeitig sein Gewicht mehr auf die beiden Oberschenkel verlegt und dadurch der Rükken des Pferdes entlastet werden. Um richtig mit den Bewegungen des Pferdes mitgehen zu können, muß der Reiter Rücken- und Kreuzmuskeln etwas mehr anspannen, ohne aber die Geschmeidigkeit im Hüftgelenk aufzugeben. Das Gesäß darf nicht aus dem Sattel herausgehoben werden, sondern muß am Sattel bleiben (ohne Bügel üben!).
Jede Bodenrickarbeit beginnt im Schritt, da dies auf Pferd und Reiter beruhigend wirkt. Erst wenn die Pferde ruhig und ohne zu stocken oder zu eilen

Abb. 23. Schwungvoller Trab über Cavalettis am langen, aber nicht durchhängenden Zügel, mit leicht aufgewölbtem Rücken und tiefer Nase.

über die Ricks treten, geht man zum Trab über, der aber schwungvoll und in gleichmäßigen, geräumigen Tritten geritten werden soll. Anfangs werden die Ricks weiter auseinander gestellt, später stellt man mehrere Ricks so hintereinander auf, daß das Pferd zwischen den Ricks nur einmal auffußt. Hierbei lernen die Reiter sehr schnell, sich in die Bewegung der Pferde, besonders das mit dem Höhertreten verbundene stärkere Aufwölben des Rückens, einzufühlen.

Haben die Reiter genügend Sicherheit in den Übungen über Bodenricks erlangt, müssen sie daran gewöhnt werden, die treibenden Hilfen zu gebrauchen, um jede Stockung im Tempo zu verhindern und dann durch Vornehmen der Hände in Richtung Pferdemaul dem Pferd volle Freiheit zum Strecken des Halses und Kopfes zu geben. So soll dann schließlich das Pferd am langen, aber nicht durchhängenden Zügel über die Bodenricks treten, und zwar in gleichmäßigen, schwingenden Bewegungen mit leicht aufgewölbtem Rücken und tiefer Nase.

Verschiedene Arten des Sitzes

Vom richtigen Sitz ausgehend entwickeln sich folgende Veränderungen bzw. Abweichungen:

1. Sitz zur Wendung. Geringe Verlegung des Oberkörpergewichts auf den inneren Gesäßknochen, ohne aber in der Hüfte einzuknicken; leichtes Vorschieben der inneren Hüfte; innere Hüfte, inneres Knie und inneren Absatz tiefer nehmen (Bügel austreten wollen, ohne das Kniegelenk zu strecken); äußere Schulter etwas vorlegen.
2. Sitz zu allen Bewegungen, die vom Pferd eine Biegung in seiner Längsrichtung erfordern. Hierzu werden die innere Hüfte und die äußere Schulter etwas vorgenommen (die Hüften bzw. Schultern des Reiters sollen im allgemeinen parallel zu den Hüften bzw. Schultern des Pferdes stehen).
3. Galoppsitz. Verstärktes Vorschieben der inneren Hüfte, so daß der äußere Gesäßbacken mehr gegen die Mitte des Sattels gebracht wird;

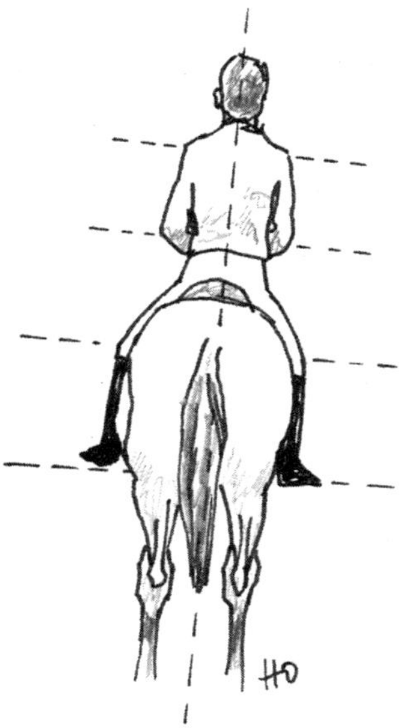

Abb. 24. Sitz zur Wendung: Verlegung des Oberkörpergewichts auf den inneren Gesäßknochen, leichtes Vorschieben der inneren Hüfte, inneres Knie und Absatz tiefer.

hierdurch wird der äußere Gesäßknochen mehr belastet, wodurch wieder der äußere Hinterfuß des Pferdes belastet und fixiert und damit zu vermehrtem Biegen und Abstoßen veranlaßt und die Galoppade eingeleitet wird; um jedoch ein Einknicken in der äußeren Hüfte zu verhindern, muß der Schwerpunkt des Oberkörpers nach innen vorwärts verlegt und die äußere Schulter bis in Höhe der inneren vorgenommen werden; innere Hüfte, inneres Knie und inneren Absatz tief; äußerer Schenkel zurück in die verwahrende Lage.

4. Entlastungssitz. Dieser vom Normalsitz bewußt abweichende Sitz besteht in einem mehr oder weniger starken Vorneigen des Oberkörpers, wobei der Druck der beiden Gesäßknochen auf den Sattel und damit auf den Rücken des Pferdes vermindert und das Gewicht des Reiters durch Oberschenkel und Knie

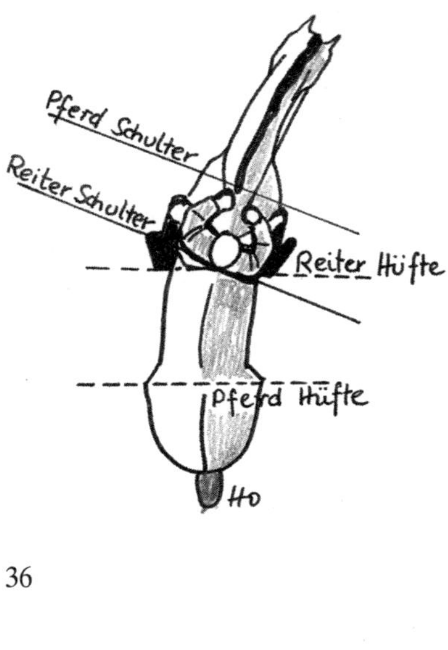

Abb. 25. Sitz zur Längsbiegung des Pferdes: äußere Schulter und innere Hüfte vor.

Abb. 26. Entlastungssitz beim Springen.

mehr auf die Seiten des Pferdes übertragen wird. Er ist erforderlich zur Verminderung der Belastung des Rückens und der Hinterhand

a) beim Springen,
b) beim Reiten in unebenem Gelände (Klettern),
c) beim Arbeiten von Pferden mit schwachem Rücken und schwacher Hinterhand,
d) beim ersten Anreiten junger Remonten.

Abb. 27. Entlastungssitz beim Klettern.

Abb. 28. Entlastungssitz beim Anreiten junger Pferde.

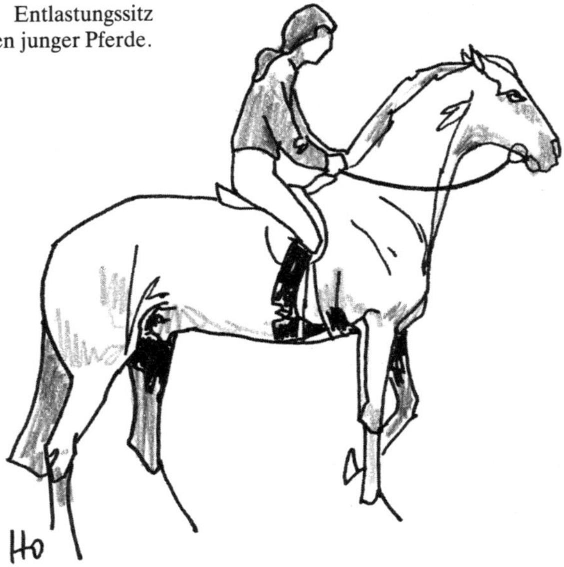

Eine noch stärkere Entlastung tritt ein, wenn sich der Reiter bei festerem Knieschluß mit erhobenem Kopf und gut nach vorn geschobenen Hüften ein wenig aus dem Sattel hebt. Damit erzielt man eine noch größere Rückenfreiheit.

Bei Einnahme des Entlastungssitzes (Bügel 2–3 Loch kürzer schnallen) ist stets darauf zu sehen, daß der Oberkörper nicht so weit vorgebeugt und das Gesäß nach rückwärts verschoben wird, daß der Reiter hinter der Bewegung bleibt und der Sitz dadurch unsicher wird; daß die Schenkel mit tief genommenem Absatz in der richtigen Lage verbleiben; daß die fehlende treibende Einwirkung der Gewichtshilfe durch ein stärkeres Anlegen der Schenkel ausgeglichen wird. Der Blick des Reiters bleibt geradeaus über den Pferdekopf hinweg. Beim Klettern sollen die Schenkel in Richtung des frei nach abwärts hängenden Bügels liegen. Ein stärkeres Anlegen der Schenkel ist auch bei allen Ungezogenheiten des Pferdes (Steigen, Bocken, Ausschlagen) geboten; also fester Oberschenkel- und Knieschluß bei geschmeidig gehaltenem Kniegelenk und bei verstärkter Steigbügelstütze.

Führung auf Trense und Kandare

Unter Führung versteht man allgemein die Einwirkungen, durch die sowohl das Tempo der Gangart und die Richtung, in der das Pferd gehen soll, als auch die Haltung und die Stellung des Pferdes bestimmt werden.
Um eine korrekte Führung zu erzielen, müssen die Zügel richtig gehalten werden. Wir unterscheiden folgende Zügelhaltungen:

Auf Trense
In jeder Hand ein Trensenzügel zwischen dem kleinen und Ringfinger; die Enden laufen durch die Hand und liegen über dem Zeigefinger.

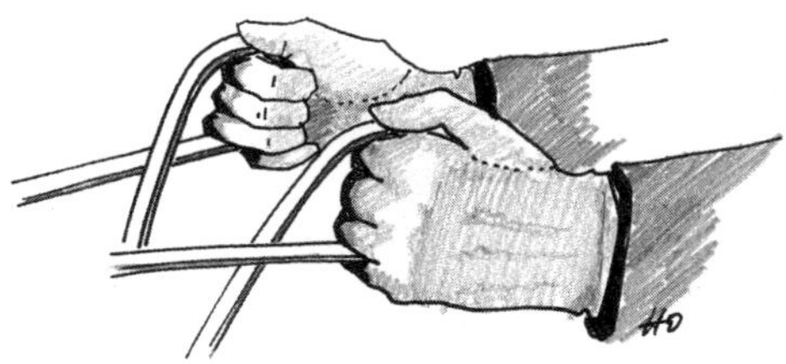

Abb. 29. Zügelhaltung auf Trense.

Auf Kandare
a) Mit angefaßter Trense: in der linken Hand beide Kandarenzügel, geteilt durch den Ringfinger, und den linken Trensenzügel unter dem kleinen Finger; in der rechten Hand den rechten Trensenzügel zwischen kleinem und Ringfinger;
b) mit durchgezogener Trense: alle 4 Zügel in der linken Hand; rechter Zügel zwischen Mittel- und Zeigefinger; rechter Arm hängt natürlich herab; rechte Hand hinter dem rechten Oberschenkel;

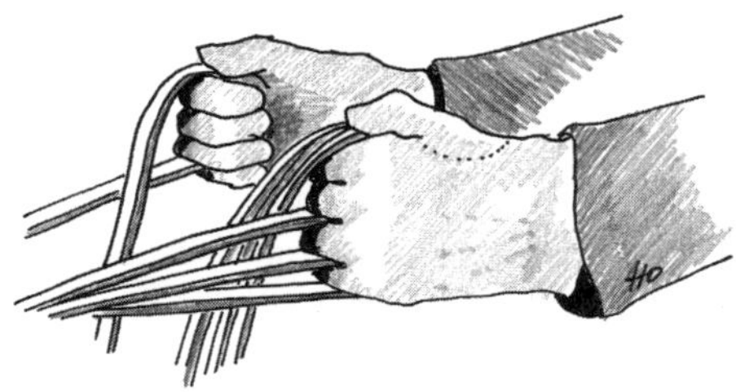

Abb. 30. Zügelhaltung auf Kandare: mit angefaßter Trense.

Abb. 31. Zügelhaltung auf Kandare: mit durchgezogener Trense.

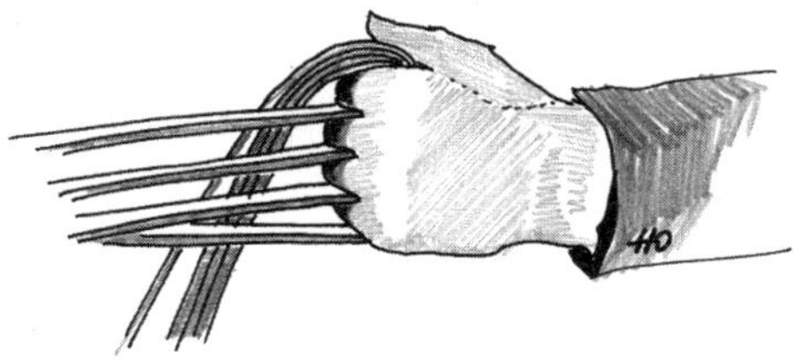

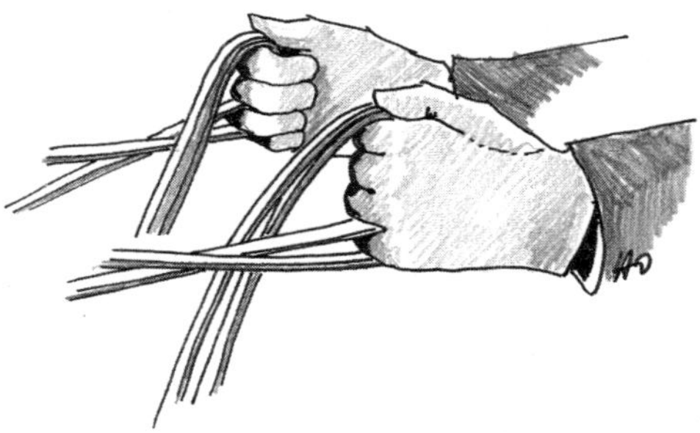

Abb. 32. Zügelhaltung auf Kandare: mit geteilten Trensen- und Kandarenzügeln.

c) mit geteilten Kandaren- und Trensenzügeln: in jeder Hand ein Kandarenzügel (oben) und ein Trensenzügel (unten); links geteilt durch den kleinen Finger, rechts geteilt durch den Ringfinger;
d) mit losgelassener Trense: die beiden Kandarenzügel und die Schnalle der Trensenzügel in der linken Hand; die Trensenzügel sind vollkommen losgelassen und hängen zu beiden Seiten des Pferdehalses gleichmäßig lang im Bogen herunter; Haltung des rechten Armes und der rechten Hand wie beim Reiten mit durchgezogener Trense (dient zur Überprüfung der Selbsthaltung des Pferdes).

Eine korrekte Führung verlangt vor allem richtige Arm- und Handhaltung. Bei zwanglos zurückgenommenen und natürlich fallengelassenen Schultern, wobei sich die Brust wölbt, sollen die Oberarme längs des Körpers gerade herunterhängen, so daß die Ellenbogen, ohne angedrückt zu werden, an (nicht vor!) den Hüften anliegen.

Die Unterarme, im Ellenbogengelenk gewinkelt, bilden mit den Oberarmen fast einen rechten Winkel. Die Hände (Fingerspitzen an, nicht in den Handballen) stehen aufrecht, der Handrücken genau in Verlängerung des Unterarms. Die mittleren Fingerknöchel sehen zueinander, stehen eine Handbreit bis eine Handlänge vor dem Leib und sind bei Führung auf Trense etwa 4 Fingerbreit, bei Führung auf Kandare (linke Hand genau vor der Mitte des Leibes) etwa 2 Fingerbreit auseinander.

Alle Gelenke, Schulter-, Ellenbogen- und insbesondere das Handgelenk, müssen weich, geschmeidig und zum federnden Nachgeben bereit sein.

Die Linie Trensenring – Trensenzügel – Hand und Unterarm des Reiters bis zum Ellenbogen soll im allgemeinen gerade verlaufen und nicht nach oben oder unten geknickt sein. Je nach der Kopfhaltung des Pferdes stehen die Hände entsprechend höher oder tiefer (Abb. 33).

Abb. 33. Trensenring, Trensenzügel, Hand und Unterarm des Reiters bis zum Ellenbogen bilden eine gerade Linie.

Hilfen

Reiten heißt: durch gewisse, den Regeln der Reitlehre entsprechende Einwirkungen des Gewichts, der Unterschenkel und der Hände (Zügel) ein Pferd derartig leiten, daß es sich dem Willen des Reiters vollkommen unterordnet und demnach Körperhaltung und Gangart annimmt oder verändert und sich jederzeit in einer genau bestimmten Richtung und Geschwindigkeit fortbewegt. Reiter und Pferd sollen gleichsam einen Körper bilden, der durch Gedankenübertragung des Reiters auf das Pferd mühelos bewegt wird. Diese wohlabgemessenen und harmonischen Einwirkungen des Reiters, durch die er dem Pferd seinen Willen kundgibt, nennt man Hilfen.

Man unterscheidet sie in:

- Gewichtshilfen als unterstützende Hilfen,
- Schenkelhilfen als vortreibende Hilfen,
- Zügelhilfen als verhaltende oder führende Hilfen.

Gewichtshilfen sind Einwirkungen des Oberkörpers, die durch das Gesäß auf das Pferd übertragen werden; Schenkelhilfen sind Einwirkungen der Unterschenkel auf die Bewegungsmuskeln des Pferdes; Zügelhilfen sind Einwirkungen der Hände, die durch die Zügel und das Gebiß auf das Maul des Pferdes ausgeübt werden.

Die Stärke der Hilfen und die Dauer werden bestimmt durch die Empfindsamkeit des Pferdes, den Grad seiner Folgsamkeit und durch den beabsichtigten Zweck.

Die treibenden Hilfen stehen ihrer Bedeutung nach über den verhaltenden.

Gewichtshilfen

Als Gewichtshilfen (Sitzhilfen, nicht »Gesäßhilfen«, denn das Gesäß soll unverändert mit seinen drei Sitzpunkten im Sattel bleiben) bezeichnet man die durch das Gesäß dem Pferd übermittelten Einwirkungen des Oberkörpers. Die Gewichtshilfen unterstützen Schenkel- und Zügelhilfen und machen sie dem Pferd verständlicher.

Sie sind eines der wichtigsten und interessantesten Kapitel der Einwirkungen. Sie setzen nicht nur voraus, daß sich der Reiter, ohne von Schenkel und Zügel abhängig zu sein, im Gleichgewicht halten kann und daß er schon gelernt hat, mit seinem Schwerpunkt der in der Bewegung sich stets verändernden Schwerpunktslage des Pferdes zu folgen, also mit den Bewegungen des Pferdes mitzugehen, sondern daß er diese Bewegungen auch genau fühlen und beurteilen kann.

Aber es handelt sich nicht allein darum, mit dem Pferd mitzugehen, sondern auch durch eine Veränderung in der Haltung des Oberkörpers und durch stärkeres Anspannen der Rücken- und Kreuzmuskeln bestimmend auf die Bewegungen und auf die Haltung des Pferdes einzuwirken. Durch solche Veränderungen sind wir in der Lage, das Pferd zu wenden, vorzutreiben, zu versammeln und zu verhalten.

Ein Verlegen des Reitergewichts nach der Seite (vermehrte Belastung eines

Gesäßknochens) wirkt wendend. Hierbei senkt sich die Hüfte ein wenig, und das Knie kommt in eine tiefere Lage. Fehlerhaft ist das Einknicken der Hüfte, da hierdurch eine Gewichtsverlagerung nach der falschen Seite entsteht.

Sitz nach innen (Oberkörper wird durch Vornehmen der äußeren Schulter etwas nach der inneren Seite gedreht) wendet man als Hilfe beim Reiten aller Wendungen an. Hierbei geht die inwendige Hand etwas zurück, die auswendige Hand etwas vor. Außerdem aber entfernt sich der innere Zügel vom Hals und übt eine seitwärts weisende Wirkung aus, während sich der äußere Zügel stärker an ihn anlegt und dadurch eine seitwärts schiebende Wirkung erzeugt. Die Hüften, die der Bewegung der Schultern nicht folgen dürfen, bestimmen die Lage der Schenkel: Der innere Schenkel liegt vorne, der äußere Schenkel liegt zurück.

Eine vortreibende, besser gesagt eine *vorschiebende Gewichtshilfe* wird dadurch erzeugt, daß der Reiter, ohne seine Rücken- und Kreuzmuskeln besonders zu spannen, den Oberkörper bei leicht gekrümmtem Rücken etwas vorlegt und dann in Übereinstimmung mit der Bewegung des Pferdes und im Verein mit den vortreibenden Schenkelhilfen unter leichter Anspannung des Kreuzes das Gesäß gegen den tiefsten Punkt des Sattels vorschiebt. Hierdurch werden die Rückenmuskeln des Pferdes zu vermehrter federnder Tätigkeit angeregt und dadurch das Pferd zu schwungvolleren Bewegungen seiner Hinterbeine veranlaßt. Diese Wirkung darf aber dann nicht durch Gegenhalten mit den Händen wieder beeinträchtigt werden.

Eine versammelnde Wirkung wird durch die *durchhaltende Gewichtshilfe* erreicht, die deshalb auch als *versammelnde Gewichtshilfe* bezeichnet wird. Hierbei verlegt der Reiter den Schwerpunkt seines Oberkörpers bei normaler Haltung etwas mehr auf die beiden Gesäßknochen und spannt die Kreuzmuskeln mehr an. Dadurch übt er mit dem Gesäß einen vermehrten Druck auf den Rücken des Pferdes aus und veranlaßt es dadurch, seine Rückenmuskeln elastisch zusammenzuziehen und sich in seiner Länge zusammenzuschieben. Das gerittene Pferd soll ja mit willig hergegebenem und elastisch federndem Rücken gehen. Hierdurch werden die Bewegungen des Pferdes erhabener und federnder, mehr gegen das Genick geleitet, und das Pferd wird so veranlaßt, sich im Genick zu lösen und sich zu versammeln.

Durch die versammelnde Gewichtshilfe und die hierdurch eintretende Veränderung der Schwerpunktslage des Reiters wird ferner die Hinterhand des

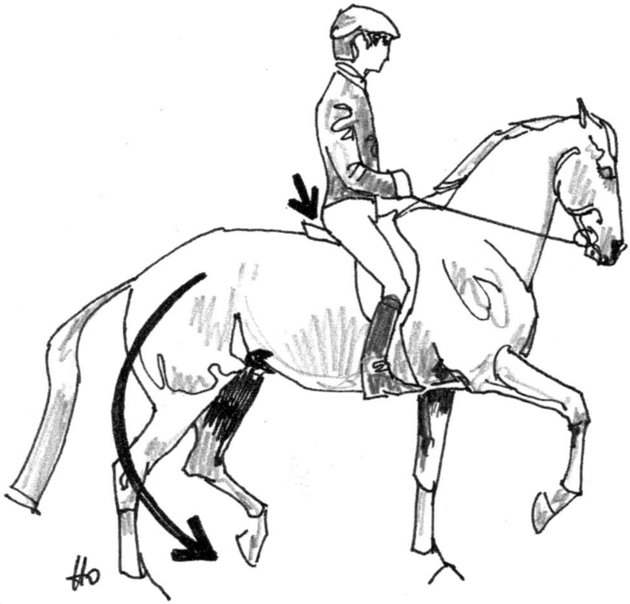

Abb. 34. Wirkung der versammelnden Gewichtshilfe: Das Pferd schiebt sich zusammen, die Bewegungen werden erhabener, die Hinterbeine nehmen mehr Gewicht auf.

Pferdes mehr belastet und das Pferd veranlaßt, sich in den oberen Gelenken der Hinterhand mehr zu beugen. Die Hinterbeine werden dadurch gezwungen, über ihre vorschiebende Tätigkeit hinaus vermehrt unter den Schwerpunkt des Pferdes heranzutreten und mehr Gewicht aufzunehmen. Im Verein mit den durchhaltenden oder annehmenden Zügelhilfen und der treibenden Schenkelhilfe entstehen dadurch stärkere halbe und ganze Paraden. Das Zurücknehmen des Oberkörpers darf aber niemals zu stark oder gar mit einem sichtbaren Zurückschwingen ausgeführt werden.

Die entlastende Gewichtshilfe, die durch Vorneigen des Oberkörpers entsteht, wobei das Gewicht des Oberkörpers von den Gesäßknochen auf die Oberschenkel verlegt wird, wirkt im allgemeinen entlastend auf den Pferderücken und gestattet dem Pferd, sich mehr in den Rückenmuskeln zu strekken und den Rücken aufzuwölben; die Tritte werden geräumiger, die Hinterbeine treten über die Spur der Vorderbeine hinweg.

Bei jungen und rohen Pferden, bei Pferden mit schwachem Rücken, bei Pferden, deren Hinterhand noch nicht geschmeidig und kräftig genug ist, um die Last aufzunehmen, ferner zur Beruhigung unruhiger Pferde und bei unreinen oder eiligen Bewegungen empfiehlt es sich, die entlastende Gewichtshilfe anzuwenden. Hierdurch wird das Gewicht des Reiters vom Rücken weg nach den Seiten des Pferdes gegen die Schultern hin verlegt, die Vorhand mehr belastet und das Pferd zu ruhigeren Bewegungen veranlaßt.
Eine verhaltende Wirkung kann auch erreicht werden durch Vorlegen des Oberkörpers aus den Hüften, wobei das Gesäß im Sattel bleibt und der Reiter sein Gewicht mehr der Vorhand des Pferdes zuschiebt. Hierdurch werden die Vorderbeine am freien Vortritt gehindert, die Tritte werden weniger geräumig und langsamer.
Es darf jedoch nicht versäumt werden, das Pferd allmählich an den richtigen Sitz und damit an die Belastung des Rückens zu gewöhnen.
Wenn ein Pferd mit stark aufgewölbtem Rücken und gespannnten Rückenmuskeln jede Vorwärtsbewegung verweigert, so spannt der Reiter bei leicht vorgeneigtem Oberkörper und langem Zügel seine Rücken- und Lendenmuskeln stark an. Gleichzeitig kann er Sporen oder noch besser die Gerte

Abb. 35. Pferd verweigert mit stark angespannten Rükkenmuskeln und aufgewölbtem Rücken jede Vorwärtsbewegung; der Reiter nimmt festen Knie- und Oberschenkelschluß, beugt den Oberkörper etwas vor und gibt mit der Hand gut nach, um das Pferd zur Aufgabe des Widerstandes und zum Vorwärtsgehen zu bringen.

einmal nachdrücklich unmittelbar hinter dem am Gurt liegenden Schenkel einsetzen, um so das Pferd zur Aufgabe seines Widerstandes zu bringen.
Vorher ist verstärkter Oberschenkel- und Knieschluß zu nehmen, damit man die erste, unberechenbare Bewegung des Pferdes gut aussitzen kann und nicht durch Reißen im Maul die Vorwärtsbewegung wieder stört.
Bei allen Widersetzlichkeiten des Pferdes sollte man stets daran denken, daß das »Vorwärts« der beste Bundesgenosse des Reiters ist, daß aber das Vorwärtsgehen nicht wieder durch falsche Zügeleinwirkungen gestört werden darf.
Bei den Gewichtshilfen ist streng zu unterscheiden zwischen der verstärkten Belastung beider oder eines Gesäßknochens und der Gewichtsverlegung, die durch Schwerpunktverlagerung des Oberkörpers entsteht. In vielen Fällen werden Belastung und Gewichtsverlagerung zusammenfallen.
Es gibt aber auch Fälle, in welchen der Reiter einen Gesäßknochen mehr belasten und dabei den Schwerpunkt des Oberkörpers nach der anderen Seite verlegen muß. Wenn Belastung und Gewichtsverlagerung nicht zusammenfallen, muß der mehr belastete Gesäßknochen eine schiebende Wirkung in Richtung der Gewichtsverlagerung ausüben.
Während die seitliche Verlegung des Oberkörpers das Pferd veranlaßt, dieser Verlegung zu folgen, übt die stärkere Belastung eines Gesäßknochens eine Wirkung auf die seitliche Rücken- (Rippen-) Biegung aus.

Abb. 36. Seitliche Verlagerung des Reitergewichts veranlaßt das Pferd ebenfalls zur Schwerpunktverlagerung und damit zum Seitwärtstreten.

Schenkelhilfen

Jede Schenkelhilfe wirkt vortreibend auf den gleichseitigen, und zwar vorschwingend auf den sich in der Vorwärtsbewegung befindlichen und sich beugenden Hinterfuß (Beugeseite) und abstoßend auf den sich auf dem Boden befindenden und sich streckenden Hinterfuß (Streckseite).
Schenkelhilfen werden durch Druck oder Klopfen mit den Unterschenkeln gegeben. Der klopfende Schenkel hat eine stärkere Reizwirkung, da die Muskelzusammenziehung beim Pferd nicht allmählich, sondern plötzlich erfolgt. Man hüte sich aber, dauernd mit klopfenden Schenkeln zu reiten, da das Pferd hierdurch abgestumpft wird. Außerdem wird es zu verfrühtem Abheben des jeweils noch fußenden Hinterfußes veranlaßt und somit am freien Vortreten des schwebenden Hinterfußes gehindert. Der Schenkeldruck ist auch deshalb vorzuziehen, da man dabei die Stärke der Einwirkung genauer bestimmen kann als beim Klopfen mit dem Schenkel.
Die Wirkung der Schenkelhilfe ist vortreibend, verwahrend oder seitwärtstreibend. Dies hängt von der Lage des Unterschenkels und von der Stärke der Einwirkung ab. Liegt der Schenkel näher am Gurt und wird der Absatz schraubenartig nach innen und abwärts bewegt, so regt er den gleichseitigen Hinterfuß zum Vortreten an, und zwar um so mehr, je näher er dem Gurt liegt und je stärker der Druck ausgeübt wird. Liegt er hinter dem Gurt und wird der Absatz nur verstärkt angedrückt, so übt er neben der immer vorhandenen vortreibenden Wirkung je nach dem Grad der Einwirkung eine verwahrende oder seitwärtstreibende Wirkung aus. Der verwahrende (meist äußere) Schenkel hindert, indem er durch seine gleichzeitig einsetzende vortreibende Wirkung den betreffenden Hinterfuß zum Vortreten gegen den gleichseitigen Vorderfuß anregt, den Hinterfuß am Verlassen der Spur, der seitwärtstreibende innere Schenkel veranlaßt die Hinterfüße, die Spur nach außen (z. B. beim Schenkelweichen), der seitwärtstreibende äußere Schenkel veranlaßt die Hinterfüße, die Spur nach innen (z. B. beim Seitengang Travers) zu verlegen.
Bei allen Schenkelhilfen ist darauf zu achten, daß zunächst der betreffende Absatz etwas tiefer genommen und dadurch die Wadenmuskeln mehr gespannt werden, was für die Druckwirkung unbedingt nötig ist.
Dem Fehler vieler Reiter, bei seitwärtstreibendem Schenkel den Hacken hochzuziehen und den Unterschenkel zu weit nach hinten zu legen, ist mit aller Bestimmtheit entgegenzuwirken. Neben den Schenkelhilfen kommen

als vortreibende Anregungen noch in Betracht: Sporenhilfen, Gertenhilfen und der Zungenschlag bzw. der Zuruf.

Sporenhilfen

Sporenhilfen dienen zur Verstärkung der vortreibenden und seitwärtstreibenden Hilfen. Sie werden durch mehr oder weniger starkes Andrücken der Sporen gegeben; meist genügt ein geschicktes Fühlenlassen. Ein oder mehrere kurze Stiche dienen als Aufforderung zu größerer Kraftanstrengung oder als Strafe.
Die Form der Sporen richtet sich nach der Länge der Schenkel des Reiters und nach der Empfindsamkeit des Pferdes. Keinesfalls dürfen die Sporen bei der Hilfengebung das Pferd verletzen.

Gertenhilfen

Einwirkungen mit der Gerte können durch Anlegen oder leichtes Klopfen dicht hinter dem Reiterschenkel oder an der inneren Schulter gegeben werden.
Während sich die Einwirkung hinter dem Schenkel als Hilfe auswirkt, dient das Anlegen an der Schulter nur als Anregung. Die vortreibende Gertenhilfe dicht hinter dem Reiterschenkel, und zwar am Gurt oder von rückwärts nach vorwärts streichend gegeben, wirkt auf die Bewegungsmuskeln des Pferdes ein.
Gertenhilfen dienen zur Verständlichmachung und zur Verstärkung der vortreibenden oder seitwärtstreibenden Schenkelhilfen.
Werden Gertenhilfen hinter dem Schenkel gegeben, so ist darauf zu achten, daß die Gerte in die volle Hand genommen wird und die Zügel der anderen Hand übergeben werden, um das Pferd nicht im Maul zu reißen.

Zuruf, Zungenschlag

Die Stimme ist insbesondere bei der Leinenarbeit ein wesentliches Hilfsmittel. Man kann eine anregende und eine beruhigende Wirkung erreichen.
Der Zungenschlag übt eine anregende Wirkung aus und wird neben den vortreibenden Schenkelhilfen zur Verstärkung der Gangarten (Antraben; Angaloppieren) oder des Tempos und bei den letzten Galoppsprüngen vor

einem Hindernis angewendet. Bei Dressurprüfungen ist die Anwendung der Stimme und des Zungenschlags unzulässig.

Zügelhilfen

Zügelhilfen sind Einwirkungen der Hände, die durch die Zügel und das Gebiß auf das Pferd ausgeübt werden.
Zügelhilfen (Führung) bestimmen die Gangart und das Gangmaß (Tempo), ferner die Richtung, in der das Pferd gehen soll, sowie seine Biegung und Stellung.
Die Kunst einer guten Führung beruht auf einer steten und bestimmten, aber doch federnden Verbindung zwischen Reiterhand und Pferdemaul. Sie ist nur bei unabhängigem, weichem und stetem Sitz und bei richtig gestellter Hand gewährleistet. Vorbedingung für eine gute Führung ist Durchlässigkeit des Pferdes in Genick, Hals und Rücken.
Die Länge der Zügel muß der richtigen Entfernung zwischen der Hand des Reiters und dem Kopf des Pferdes (Nasenrücken etwas vor der Senkrechten) entsprechen. Der Reiter muß daher rechtzeitig erzogen werden, durch Nachgreifen die Zügel in richtiger Länge zu halten und bei jedem Handwechsel die Zügel wieder auszugleichen. Keinesfalls darf er, die Finger krampfhaft zusammenpressend, mit den Händen gegen seine Schultern steigen oder mit den Ellenbogen nach seitwärts-rückwärts ausweichen. Zu lange Zügel haben außerdem zur Folge, daß der Reiter sich mit dem Oberkörper zu weit zurücklehnt oder, mit den Armen seitwärts ausweichend, den Leib einzieht und das Gesäß lüftet.

Am Zügel stehen

Am Zügel steht das Pferd, wenn es in williger Genick- und Halsbeugung den Einwirkungen der Hand des Reiters folgt, dabei vorwärts an die Hand des Reiters herantritt, den Zügel sucht und dem Reiter sowohl im Halten wie im Gange das Gefühl einer sicheren und weichen Verbindung zwischen Hand und Pferdemaul verleiht.
Die Stärke der Anlehnung wechselt mit der Stärke von Gangart und Gangmaß. Je kürzer und versammelter die Gangart, um so leichter soll die

Anlehnung werden. Bei freieren Gängen wird sie dagegen etwas bestimmter, d. h. fühlbarer.

Arten der Zügelhilfen

Die fehlerhafte Neigung der meisten Reiter, zuviel mit den Händen und zu wenig mit Schenkel- und Gewichtshilfen einzuwirken, muß dauernd bekämpft werden, am besten, indem man sie abwechselnd faule und dann wieder recht flott gehende Pferde reiten läßt.

Bei den Zügelhilfen unterscheiden wir folgende Arten der Einwirkungen:

Bei durchhaltender Zügelhilfe bleiben die Hände fest geschlossen auf ihrem Platz und halten den vermehrten Druck des Pferdemaules aus. Oberarm und Ellenbogen können hierzu etwas stärker angelegt werden, bis sich das Pferd wieder am Zügel abstößt und in der Hand leicht wird. In diesem Augenblick muß auch die Hand wieder nachgeben. Eine Unterstützung erfolgt durch elastisches Anspannen des Kreuzes bei vorgeschobenem Gesäß und durch vortreibende Schenkelhilfen.

Man gebraucht die durchhaltende Zügelhilfe zu Übergängen in eine niedere Gangart oder in ein kürzeres Gangmaß, zur Verbesserung der Haltung des Pferdes und bei Pferden, die zuviel Anlehnung nehmen.

Bei der durchhaltenden Zügelhilfe ist es wichtig, daß sie so lange ausgehalten wird, bis der erwünschte Erfolg eingetreten ist. Jedes vorzeitige Nachgeben würde nur zu immer größeren Widerständen des Pferdes führen. Sobald aber die gewünschte Wirkung eintritt und das Pferd nachgibt, muß auch der Reiter mit seiner Hand nachgeben und durch Überstreichen das Pferd belohnen.

Bei Pferden, die sich gegen die durchhaltende Zügelhilfe wehren, wendet man diese Hilfe nur einseitig an, während der andere Zügel durch andauerndes Nachgeben und Wiederannehmen das Pferd allmählich auf den durchhaltenden Zügel nachgiebig macht.

Wird die durchhaltende Zügelhilfe zur Verbesserung der Haltung des Pferdes angewendet, muß die Zügellänge entsprechend reguliert werden.

Keinesfalls darf der Reiter bei allen durchhaltenden Zügelhilfen in den groben Fehler verfallen, durch Zurückziehen mit den Händen die Wirkung zu verstärken oder aber nach eingetretener Wirkung die Zügel »wegzuwerfen«. Ohne die Unterstützung der vortreibenden Schenkel- und Gewichtshilfen ist eine durchhaltende Zügelhilfe nicht denkbar.

Die annehmende Zügelhilfe wird durch festeres Schließen der Finger (dieses festere Schließen der Finger ist am besten mit dem Ausdrücken eines Schwammes zu vergleichen) und Eindrehen der Hände gegen den eigenen Körper ausgeführt. Annehmende Zügelhilfen müssen stets durch treibende Einwirkungen unterstützt werden. Die annehmende Zügelhilfe kann verstärkt werden durch ein Zusammenziehen der Unterarmmuskeln (Hände schieben sich gleichsam in die Rockärmel) und, falls erforderlich, durch leichtes Zurücknehmen der Ellenbogen.
Bei der annehmenden Zügelhilfe darf der Reiter niemals im Anzug stecken bleiben, auch darf sie niemals in dauerndes Ziehen ausarten. Wenn nötig, müssen annehmende Zügelhilfen im Wechsel mit nachgebenden Hilfen so lange gegeben werden, bis der Erfolg eintritt. Die annehmende Zügelhilfe wird zu ganzen Paraden angewandt oder bei halben Paraden dann, wenn die durchhaltende Zügelhilfe nicht ausgereicht hat.
Die nachgebende Zügelhilfe entsteht durch leichtes Lösen der Fingerspitzen vom Handballen (Schwamm wieder ansaugen lassen) und Vorschieben des kleinen Fingers gegen das Pferdemaul zu. Der Zweck dieser Hilfe ist die

Abb. 37. Überstreichen mit beiden Händen.

Beendigung der durchhaltenden und annehmenden Zügelhilfe; sie gibt ferner dem Pferd die nötige Freiheit zum Antreten oder zur Beschleunigung der Bewegung.

Die einseitig annehmende Zügelhilfe, durch Verkürzen des inneren Zügels und Eindrehen der inneren Hand ausgeführt, wirkt entweder führend oder biegend.

Die einseitig verwahrende Zügelhilfe, ausgeführt durch federndes Gegenhalten des äußeren Zügels, dient zur Begrenzung der Biegung von Hals und Kopf und bestimmt die Größe jeder Wendung.

Von besonderer Wichtigkeit ist noch *das Überstreichen;* es dient zur Beruhigung des Pferdes und zur Kontrolle, ob sich das Pferd selbst trägt. Während des Überstreichens soll das Pferd, ohne seine Haltung wesentlich zu verändern, Gangart und Tempo beibehalten.

Das Überstreichen wird in der Weise ausgeführt, daß der Reiter, ohne seinen Sitz zu verändern, mit beiden Händen oder mit der Zügelhand, falls die Zügel nur in eine Hand genommen sind, am Mähnenkamm entlang vorstreicht und dann die Hände wieder langsam am Mähnenkamm zurückführt, bis die Zügel wieder weich anstehen. Während des Überstreichens haben die treibenden Einwirkungen dafür zu sorgen, daß das Tempo beibehalten bleibt und der Schwung aus der Hinterhand nicht verlorengeht.

Auch empfiehlt es sich, um das immer wieder auftretende fehlerhafte Ziehen am inneren Zügel zu bekämpfen, das Überstreichen mit dem inneren Zügel allein auszuführen. Namentlich beim Reiten auf dem Zirkel, nach Beendigung einer Wendung und nach dem Angaloppieren ist diese Übung sehr nützlich.

Bei Beginn jeder Ruhepause – und solche müssen beim Arbeiten des Pferdes immer eingelegt werden – sollte man die Zügel aus der Hand kauen lassen. Indem der Reiter durch leichtes Öffnen der Hände dem Pferd Gelegenheit gibt, seinen Hals wieder lang zu machen, die Nase wieder weiter vor die Senkrechte zu bringen und sich zu strecken, soll das Pferd die Zügel allmählich verlängern, sie also aus der Hand des Reiters herausziehen. Erst dann wird das Pferd durch Abklopfen gelobt (Abb. 38).

Auch *die seitwärtsweisenden Zügelhilfen* sind noch zu erwähnen. Sie können entweder mit beiden Zügeln zugleich oder auch nur mit einem Zügel, und zwar sowohl mit dem inneren als auch mit dem äußeren, gegeben werden. Sie haben den Zweck, die Vorhand des Pferdes auf seine Hinterhand einzurichten oder die Vorhand vom Hufschlag ab- oder wieder auf ihn zurückzu-

Abb. 38. Zügel aus der Hand kauen lassen beim jungen Pferd.

führen. Sie werden in gewissem Grade schon beim Einnehmen des »Sitzes zur Wendung« gegeben.
Sie werden in der Weise ausgeführt, daß die Zügel, ohne sie zu verkürzen oder anzunehmen, entweder mehr dem Pferdehals genähert oder von ihm entfernt werden.
Wird die seitwärtsweisende Zügelhilfe gegen den Pferdehals hin gegeben, so ist darauf zu achten, die entsprechende Hand nur an den Mähnenkamm heran, aber niemals über ihn hinaus auf die andere Seite zu bringen.
In den meisten Fällen findet die seitwärtsweisende Zügelhilfe bei verengenden und bei erweiternden Hilfen sowie beim Reiten auf zwei Hufschlägen Anwendung.

Einfluß der Stellung der Hände auf die Zügelhilfen

Die Wirkung der Zügelhilfen wird durch Höher- und Tieferstellen und durch weiteres Auseinanderstellen der Hände unterstützt.
Höherstellen wirkt aufrichtend und verstärkt die hebelartige Wirkung der

Abb. 39. Höher gestellte Hände wirken aufrichtend und beizäumend.

Anzüge auf Rücken und Hinterhand. Beim Reiten auf Trense kann durch Höherstellen der Hände eine beizäumende Wirkung erreicht und ein Widerstand im Genick beseitigt werden. Ein Höherstellen der inneren Hand ermöglicht es auch, Widerstände des Pferdes gegen die Stellung zu überwinden.

Tieferstellen erhöht die beizäumende Wirkung.

Auseinanderstellen der Hände verhindert seitliches Ausweichen der Hinterfüße und dient zur Überwindung seitlicher Widerstände im Genick.

Diese ins Auge fallenden Veränderungen der Handstellung können natürlich nur beim Reiten auf Trense und hauptsächlich beim Anreiten junger Pferde oder bei der Korrektur verdorbener Pferde Anwendung finden. Je weiter die Ausbildung der Pferde fortgeschritten ist, desto mehr muß auch eine gleichbleibende Handstellung angestrebt werden. Dies trifft im besonderen Maße bei Zäumung auf Kandare zu; sind hierbei ausnahmsweise Veränderungen in der Handstellung notwendig, so sollte man die Kandarenzü-

gel teilen und die Wirkung der Trensenzügel vorherrschen lassen. Insbesondere ist bei Zäumung auf Kandare zu beachten, daß durch ein längeres Höherstellen der Hände die beizäumende Wirkung der Kandare verstärkt und dadurch das Pferd noch mehr mit der Nase herangenommen, eine aufrichtende Wirkung also gerade nicht erzielt wird.
Die höher gerichteten Anzüge der Trensenzügel wirken aufrichtend, weil diese Anzüge nicht mehr auf die Laden, sondern in Richtung der Maulspalte auf die Lefzen des Pferdes gerichtet werden.

Zusammenwirken der Hilfen

Die vorstehend beschriebenen Hilfen werden niemals für sich allein zur Anwendung kommen. Nur durch das Zusammenwirken der verschiedenen Gewichts-, Schenkel- und Zügelhilfen wird die von der Dressur angestrebte Haltung und Gangleistung des Pferdes und seine Beherrschung im Gebrauch erreicht.
Beim Zusammenwirken der Hilfen fallen neben den schon erläuterten Einwirkungen den einzelnen Schenkel- und Zügelhilfen vornehmlich folgende Aufgaben zu:

- Der innere Schenkel gibt dem Pferd die auf gebogenen Linien, bei der Gangart Galopp und beim Gehen auf zwei Hufschlägen erforderliche Rippenbiegung und regt den inneren Hinterfuß, der dem Pferdekörper meist als Stütze dient, zum Untertreten gegen den Schwerpunkt des Pferdes an.
- Der äußere Schenkel wirkt, namentlich beim Reiten auf gebogenen Linien, verwahrend und veranlaßt den äußeren Hinterfuß, in Richtung des äußeren Vorderfußes vorzutreten.
- Der innere Zügel gibt dem Pferd die erforderliche Stellung oder Biegung, leitet jede Bewegung nach der Seite ein und übt bei bestimmten Lektionen auf den inneren Hinterfuß eine beugende Wirkung aus.
- Der äußere Zügel bestimmt Maß und Dauer jeder Wendung, Stellung oder Biegung, wirkt im Verein mit dem äußeren Schenkel verwahrend

auf die Hinterhand des Pferdes und verbessert durch mehr aufwärts gerichtete Anzüge Haltung und Versammlung des Pferdes.
Infolge der mehr biegenden Einwirkung des inneren und der mehr aufrichtenden Einwirkung des äußeren Zügels ist es verständlich, daß die äußere Hand nicht tiefer als die innere, sondern meist etwas höher als diese steht. Das gilt besonders beim Reiten auf gebogenen Linien und bei Übungen mit Seitenbiegung.
– Die Gewichtshilfen unterstützen die vorgenannten Schenkel- und Zügelhilfen.

Ausbildungsgang

Der Reitunterricht findet abwechselnd auf dem Reitplatz, im Gelände und in der Reitbahn statt.
Der junge Reiter muß zuerst durch gymnastische Übungen im Sattel sowie durch Cavalettiarbeit lernen, sich auf dem Pferd im Gleichgewicht zu halten und unverkrampft zu sitzen. Erst dann kann man zu speziellen Sitzübungen für den losgelassenen, korrekten Gleichgewichtssitz übergehen. Im theoretischen Unterricht sind gleichzeitig die Grundsätze der Einwirkungen aufs Pferd, Sitz und Hilfengebung, eingehend zu behandeln.
Sobald die Schüler einigermaßen sicher zu Pferde sitzen, wird man mit ihnen Übungen machen, durch die sie einen Begriff bekommen, wie sie auf das Pferd einwirken und es immer besser beherrschen können. Im Laufe der Ausbildung sind diese Übungen allmählich zu erweitern und zu vervollkommnen. Hierzu gehören:

– Verständnis für die Anwendung und die Notwendigkeit der treibenden Hilfen;
– Herstellen einer steten und sicheren Verbindung zwischen Reiterhand und Pferdemaul;
– Reiten und Entwickeln der Gangarten im Arbeits- und Mitteltempo; Leichttraben;

- Reiten von einfachen Wendungen im Gange;
- Paraden;
- Wendungen auf der Vorhand und Schenkelweichen;
- Springen.

Losgelassenheit und Geschmeidigkeit sollen dabei stets verbessert werden.

Um auf ein Pferd einwirken zu können, muß zunächst aus einem losgelassenen und korrekten Sitz heraus die Verbindung zwischen Pferd und Reiter hergestellt werden. Hierzu sind die Zügel – bei richtiger Arm- und Handhaltung – so kurz zu nehmen, daß sie, leicht gespannt, den Reiter das Maul des Pferdes durch die Hand spüren lassen. Hierbei ist von Anfang an darauf zu achten, daß der Reiter durch vortreibende Hilfen das Pferd ständig veranlaßt, von hinten an die Hand heranzutreten und von sich aus die Verbindung mit dem Reiter zu suchen. Durch Ausgleichen der Zügel – durch Verlängern oder Verkürzen – muß der Reiter allmählich ein Gefühl dafür bekommen, ob sich sein Pferd in Verbindung mit ihm befindet und seinen Einwirkungen folgt oder ob es sich der Anlehnung entzieht (durchhängender Zügel) oder sich vom Reiter tragen läßt (zu stark gespannter Zügel und fehlende treibende Einwirkungen).

Unter keinen Umständen dürfen die Schüler – namentlich in Schrittpausen – durch Ziehen an den Zügeln versuchen, eine stärkere Verbindung mit dem Pferd zu erreichen. Da die treibenden Einwirkungen fehlen, wäre die Folge nur ein Abflauen im Tempo sowie ein faules Nachschleppen der Hinterhand.

Um die Verbindung zwischen der Hand des Reiters und dem Maul des Pferdes etwas bestimmter zu gestalten, muß das Pferd zunächst an die Zügel gestellt werden. Es muß weiterhin am Zügel bleiben und in Anlehnung gehen.

Während also das An-die-Zügel-Stellen eine zeitlich beschränkte Einwirkung darstellt, bezeichnet der Ausdruck: »Das Pferd steht am Zügel« oder: »Das Pferd geht in Anlehnung« einen gleichbleibenden Zustand, der so lange andauert, wie das Pferd gearbeitet wird.

Der Reiter muß während dieser ganzen Zeit immer wieder überprüfen, ob das am Zügel stehende beziehungsweise in Anlehnung gehende Pferd noch genügend Schwung und freie Vorwärtsbewegung zeigt.

An die Zügel stellen

An die Zügel stellen (Anlehnung nehmen) heißt, das Pferd von hinten nach vorn so heranschieben, daß sowohl im Gang wie im Halten zwischen Reiterhand und Pferdemaul eine unbedingt sichere Verbindung besteht. Die vom Pferd zu fordernde Haltung wird sich je nach seinem Dressurgrad, nach Gangart und Gangmaß verschieden gestalten.
In der Bewegung muß das Pferd an die Zügel gestellt werden, wenn es nicht mehr am Gebiß kaut, nicht mehr schwungvoll vorwärts geht, sondern sich verhält oder nicht mehr an den Zügel herantritt, also nicht mehr die genügende Anlehnung nimmt. Pferde, die sich verhalten oder die Vorwärtsbewegung verweigern, müssen durch lebhaft treibende Hilfen bei angespanntem Kreuz wieder an die Zügel gestellt werden.
In der Bewegung soll der Reiter fühlen, daß das Pferd sich auf der Streckseite dehnt und daß während dieses Dehnens der Hals auf dieser Seite lang wird und dabei das Pferd ans Gebiß herantritt. Wird auf der Streckseite der Zügel verwahrend gegengehalten, findet das Pferd Anlehnung an diesen Zügel. Da auf der Beugeseite der Schenkel vorwärts treibt, hat der Reiter die Empfindung, daß er z. B. mit dem inneren Schenkel das Pferd an den äußeren Zügel herantreibt und umgekehrt.
Die auf diese Weise durch vortreibende Schenkel-, vorschiebende Gewichts- und verwahrende Zügelhilfen erreichte Anlehnung soll *bestimmt, gleichmäßig und stet* sein.
Bestimmt, d. h. der Reiter muß das Pferdemaul in seiner Hand fühlen. Die Hand selbst darf aber nicht starr und tot sein, sondern soll in den Fingergelenken und im Handgelenk federnd arbeiten. Auch darf der Reiter nie mehr Gewicht in der Hand haben, als ihm das Pferd selbst in die Hand legt. Die Anlehnung darf aber weder fest oder hart noch lose oder weich sein. Im ersten Fall legt sich das Pferd auf die Hand, im anderen Fall tritt es nicht an den Zügel heran. Beides zu korrigieren ist Aufgabe von Gewicht und Schenkel.
Gleichmäßig, d. h. beide Zügel sollen in gleicher Stärke anstehen, und nicht ein Zügel fester und der andere loser.
Stet, d. h. während der Dauer der Übung soll die Anlehnung stets die gleiche sein und nicht in ihrer Stärke wechseln oder gar zeitweise gänzlich aufgegeben sein.

Ein Pferd geht also in Anlehnung, wenn es in der Gebrauchs- oder Dressurhaltung so am Zügel steht, daß zwischen der Hand des Reiters und dem Pferdemaul eine bestimmte, wenn auch leichte, gleichmäßige und stete Verbindung hergestellt ist. Nur bei einer solchen Verbindung, bei der das Genick der höchste Punkt ist, der Kopf des Pferdes bei einer seinem Gebäude entsprechenden Genickbeugung vor der Senkrechten steht und das Pferd mit geschlossenem Maul am Gebiß kaut, kann das Pferd die abschiebenden Bewegungen der Hinterhand schwungvoll über den Rücken, den Hals und das Genick bis ins Maul durchfließen lassen und so dem Reiter das Gefühl der Durchlässigkeit geben.
Nur in dieser Anlehnung kann der Reiter mit seinen Einwirkungen den Gehorsam seines Pferdes bestimmend beeinflussen und es so unter Ausnutzung seiner natürlichen Anlagen und Fähigkeiten zu den höchsten Leistungen veranlassen.
Im Halten drückt der Reiter bei angezogenem Kreuz mit beiden Schenkeln das Pferd gegen die leicht gegenhaltende Hand (durchhaltende Zügelhilfe), bis es die Hinterhand heranstellt und am Gebiß kaut. Die Stellung von Hals und Kopf richtet sich hierbei nach dem Dressurgrad und dem Gebäude des Pferdes. Bei richtig gegebenen Einwirkungen wird das Pferd Kopf und Hals bei beigestellter Nase und leichter Aufrichtung zurücknehmen.
Beim An-die-Zügel-Stellen ist mit aller Bestimmtheit darauf zu achten, daß der Nasenrücken des Pferdes niemals hinter die Senkrechte kommt und daß das Pferd nicht zurück-, sondern mit taktvollen Tritten nach vorn an den Zügel herantritt.

Fehler und Korrektur

Sollte sich das Pferd bei dieser Übung der gewünschten Anlehnung durch Ausweichen mit dem Unterkiefer (Öffnen des Maules) entziehen, kann man den Nasenriemen enger schnallen. Etwaige Steifheit in den Ganaschen oder Muskelspannungen werden dadurch freilich nicht beseitigt. Es ist auch darauf zu achten, daß das Pferd nicht mit der Zunge spielt, eine Unart, die leicht dazu führen kann, daß das Pferd die Zunge herausstreckt oder über das Gebiß legt.
Ausweichen eines Hinterfußes nach seitwärts oder rückwärts wird durch

den gleichseitigen Schenkel, der hierbei mehr klopfend als drückend wirken muß, verhindert.
Vortreten eines Vorderfußes verhindert der gleichseitige Zügel.
Dem Unterkriechen mit den Vorderfüßen ist durch Schenkeldruck am Gurt bei höher gestellten Händen zu begegnen.
Drängen auf die Zügel ist durch Vorholen der Hinterbeine bei durchhaltenden Zügelhilfen zu verhindern.
Das im Halten an die Zügel gestellte Pferd gibt dem Reiter das Gefühl eines weichen, die vier Beine gleichmäßig belastenden Sitzes.
Steht das Pferd richtig am Zügel, spürt der Reiter, daß er bei annehmendem Zügel den Pferdekopf zu sich herannehmen, bei nachgebendem Zügel ihn aber wie mit einer Stange von sich wegschieben kann. Dabei muß das Pferd nachgiebig im Genick sein und mit der Hinterhand, angeregt durch vortreibende Hilfen, sich nach vorn an den Zügel heranschieben und mit dem Unterkiefer die Fühlung mit dem Gebiß suchen. Dieses fortdauernde, ununterbrochene Arbeiten des Pferdes kennzeichnet sich durch das Kauen am Gebiß. Der Reiter wiederum erreicht mit federndem Handgelenk das Eingehen des Pferdes auch auf die leiseste Zügelhilfe.
Bei Übungen, die bezwecken, das Pferd in der Bewegung an die Zügel zu stellen und in Anlehnung zu nehmen, ergeben sich manche Fehler, durch die sich das Pferd der richtigen Anlehnung entzieht. Die häufigsten sind folgende:
Das Pferd *legt sich auf den Zügel*: Die Anlehnung wird hart; es sucht eine Stütze in der Hand des Reiters und legt sich auf die Hand. Anstatt sich selbst zu tragen, will es sich vom Reiter tragen lassen. Dieser muß durch wechselseitige fein abgestimmte Paraden, verbunden mit stetigem Treiben, das Pferd von der Hand lösen und wieder ins Gleichgewicht bringen.
Das Pferd *geht hinter dem Zügel*, indem es sich jeder Anlehnung entzieht und entweder mit zusammengezogenem Hals und tiefem Kopf im Genick abkippt, wobei nicht dieses, sondern der zweite und dritte Halswirbel den höchsten Punkt bilden (der sogenannte falsche Knick). Oder es öffnet das Maul und drückt den Unterkiefer an den Hals heran. Um diesen Fehler zu beseitigen, genügt ein Herantreiben an die durchhaltenden und höher gestellten Hände.
Wenn das Pferd den Rücken krampfhaft spannt und entweder mit der Hinterhand zu stark schiebt oder sich im Gang verhält, muß man versuchen, durch gefühlvolles Nachgeben ein Längerwerden des Halses und damit eine

Abb. 40. Das Pferd legt sich auf die Hand.

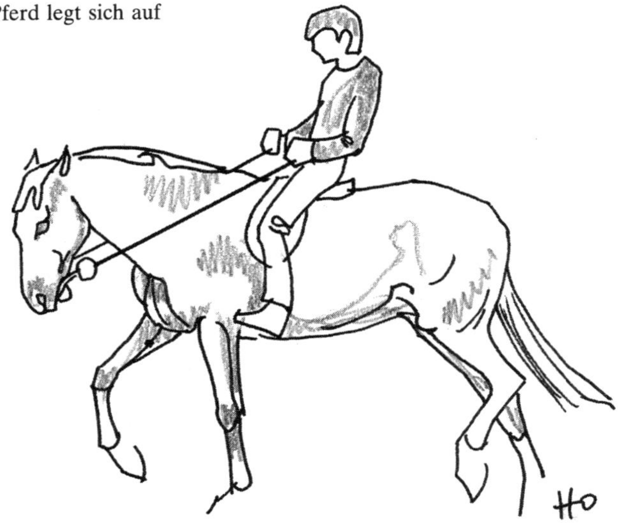

Abb. 41. Das Pferd geht hinter dem Zügel.

Abb. 42. Das Pferd geht gegen den Zügel (Sterngucker).

Entspannung zu erreichen. Das gleiche gilt, wenn das Pferd *gegen den Zügel geht*, wenn es sich gegen die Hand wehrt, indem es mit steifen Genick- und Halsmuskeln den Kopf nach oben wirft und sich mit der Nase der Horizontalen nähert (Sterngucker).
Um diese Fehler zu beheben, muß der Reiter unter tätiger Mitwirkung der Schenkel das Pferd wieder in eine schwungvolle Vorwärtsbewegung bringen. Dann wird die Hand gefühlvoll annehmen und nachgeben, bis das Pferd im Genick nachgibt und wieder Anlehnung sucht.

Beizäumen

Unter Beizäumen versteht man die Tätigkeit des Reiters (vortreibende Schenkel-, versammelnde Gewichts- und durchhaltende Zügelhilfen), durch die er dem Pferd Nachgiebigkeit im Hals und Genick abgewinnt, den Kopf näher an den Hals heranstellt und das Pferd zum Kauen am Gebiß veranlaßt. Hierbei ist immer daran zu denken, daß das Beizäumen niemals mit den Zügeln erzwungen werden darf, sondern nur das Ergebnis der an die durchhaltende Hand herantreibenden Hilfen sein soll. Gibt das Pferd im Genick nach und kaut es am Gebiß, muß die Hand sofort leicht werden. Durch ein leises Anfühlen mit dem Sporn kann die Arbeit des Schenkels unterstützt werden. Das Pferd wird der Aufforderung des Reiters, sich im Genick zu beugen, williger nachkommen, wenn ihm eine geringe Kopfstellung nach der Seite gegeben wird.

Widersetzt sich das Pferd der Beizäumung, so darf man diesen Widerstand nicht im Halten überwinden wollen, sondern muß dem Pferd die Nachgiebigkeit zunächst in verkürzten Tritten und dann in einem gemäßigten Trab abgewinnen. Auch hierbei wird das Pferd williger dem Reiter folgen, wenn man ihm mit einem Zügel eine geringe seitliche Kopfstellung gibt, während der andere Zügel, nachgebend und wieder annehmend, das Pferd zunächst zum Kauen am Gebiß und dann zum Nachgeben im Genick bringt.

Bei jedem Widerstreben ist aber stets die energische Vorwärtsbewegung der beste Verbündete des Reiters. Das Pferd muß dabei sicher zwischen Schenkel und Zügel gehen und darf mit den Hinterfüßen weder ausweichen noch ausfallen.

Zur vollen Beherrschung eines ausweichenden Hinterfußes ist oft eine breitere Führung, d. h. ein weiteres Auseinanderstellen der Hände, geboten.

Aufrichten

Aufrichten nennt man die Einwirkungen, durch die Hals und Kopf des beigezäumten Pferdes höher gestellt werden. Bei der Aufrichtung wird das Gewicht des Pferdes mehr der Hinterhand zugeschoben. Diese soll sich vermehrt beugen, wobei die Hand des Reiters die unterstützende Aufgabe hat, die Hebelwirkung (siehe Seite 69 f.) von Kopf und Hals auf Rücken und Hinterbeine zu sichern. Die Folge ist eine verbesserte Gleichgewichtshaltung, zwanglos federnde Tätigkeit der Hinterbeine und erhabenere Bewegungen der Vorderbeine, also freiere und energischere Gänge.

Die aufrichtenden Einwirkungen der Hand bestehen in höherer Führung, wobei die Hände durchhalten oder aufwärts steigend annehmen, sowie in vortreibenden, die Hinterfüße heranholenden Hilfen. Die Hinterfüße müssen sich dabei mehr in den Gelenken beugen und die ihnen von der Hand zugeschobene Last tragen.

Haltungen des Pferdes

Die Haltung des Pferdes entwickelt sich aus dem Vor- und Untersetzen der Hinterbeine, aus dem Höhernehmen des Halses und aus dem Heranneh-men der Nase und macht sich dem Reiter durch das Gefühl, dem Reitlehrer aber durch die Ansicht des Pferdes von der Seite bemerkbar. Wir unterscheiden dabei:

Natürliche Haltung (der jungen Remonte). Das Pferd befindet sich unter dem Reiter noch im natürlichen Gleichgewicht, das es allerdings, beeinflußt durch das ihm aufgelegte Gewicht des Reiters und des Sattels, erst wieder finden mußte. Das Pferd benutzt vornehmlich die Hinterhand zum Schieben und die Vorhand zum Stützen. Der Hals ist lang nach vorwärts gestreckt, der Kopf wird frei getragen, die Nase befindet sich vor der Senkrechten. In der Bewegung treten die Hinterfüße über die Spur der Vorderfüße hinaus.

Gebrauchs- oder Arbeitshaltung. Infolge der treibenden Einwirkungen werden einerseits die Hinterfüße mehr herangeholt, andererseits Hals und Kopf etwas gehoben. Das Pferd wird ins Gleichgewicht gerichtet. Die Hinterhand nimmt am Tragen der Last teil, die Vorhand wird entsprechend entlastet. Der Reiter verteilt sein Gleichgewicht gleichmäßig auf die drei Sitzpunkte und nimmt Anlehnung. Er schiebt damit der Hinterhand mehr Last zu. Das Genick ist der höchste Punkt, die Nase befindet sich noch vor der Senkrechten, die Nüstern stehen etwa in Höhe des Sitzbeines. In der Bewegung treten die Hinterfüße genau in die Spur der Vorderfüße.

Dressurhaltung. Durch weiteres Heranholen und Untertreten der Hinterfüße wird die Hinterhand gesenkt, durch die Einwirkungen der Beizäu-

Abb. 43. Natürliche Haltung der jungen Remonte.

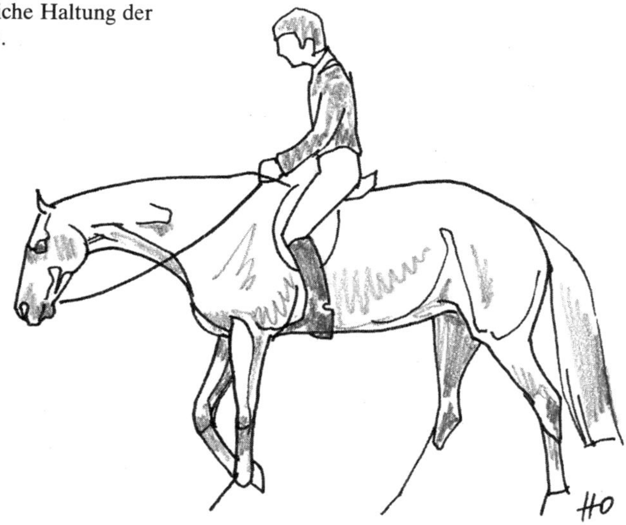

Abb. 44. Gebrauchs- oder Arbeitshaltung; die Nase befindet sich noch vor der Senkrechten.

Abb. 45. Dressurhaltung

mung und Aufrichtung Kopf und Hals noch mehr gehoben und zurückgenommen. Das Pferd geht in Versammlung. Die Gelenke der Hinterhand werden mehr gebeugt, das Pferd ist bei tiefer Kruppe und untergesetzten Hinterfüßen mehr auf die Hinterhand gesetzt. Die Hinterhand ist entsprechend mehr, die Vorhand weniger belastet. Der Hals des Pferdes ist in seiner oberen Linie mehr gewölbt, Hals und Kopf werden erhaben getragen, die Nase steht dicht vor der Senkrechten, bei Einwirkung annehmender Hilfen senkrecht, die Nüstern sind in Höhe der Hüftbeinhöcker.

In der Bewegung macht das Pferd erhabenere, aber weniger raumgreifende Tritte, die Hinterfüße treten dicht an die Spur der Vorderfüße heran, aber nicht mehr genau in sie hinein.

Da das Reiten in Versammlung für das Pferd anstrengend ist, sollte man es auf versammelte Gänge und auf die Lektionen in diesen Gängen einschränken.

Sobald das Gangmaß wieder freier wird, muß dem Pferd gestattet werden, Hals und Kopf wieder mehr nach vorn zu nehmen und in Arbeitshaltung zu gehen. Auch sind nach Übungen in versammelten Gängen kurze Ruhepausen mit hingegebenem Zügel als Belobung einzuschalten.

Abb. 46. Levade

Die Schulhaltung oder das künstliche Gleichgewicht. Zur Ausführung einiger Lektionen der höheren Dressurklassen und der Hohen Schule muß die Hinterhand des Pferdes noch mehr belastet und die Vorhand noch mehr entlastet werden. So wird das Pferd bei der Levade so stark auf die Hinterhand gesetzt, daß es im Stehen die Vorderfüße, die gegen die Brust angezogen werden, frei vom Boden abhebt und sich einige Sekunden nur auf den Hinterfüßen im Gleichgewicht hält. Oder es berührt in der Bewegung mit den Vorderfüßen nur mehr leicht und elastisch federnd den Boden; dies ist der Fall bei der Piaffe (Trab auf der Stelle), der halben Pirouette (Kurzkehrtwendung im Galopp) und der Pirouette, bei der sich das Pferd in Galoppsprüngen auf der Stelle um 360 Grad um den inneren Hinterfuß bewegen muß.

Kommen wir nochmals auf die Haltung des Pferdes zurück, so erkennen wir, daß die in den verschiedenen Haltungen entstehenden Veränderungen dadurch eingetreten sind, daß im Gebäude des Pferdes vorhandene Winkelbildungen verändert, in den meisten Fällen mehr zusammengeschoben, verengt oder gebeugt worden sind. Man spricht daher auch, wenn es sich um die Veränderungen dieser vertikalen Winkel handelt, besser nicht von Bie-

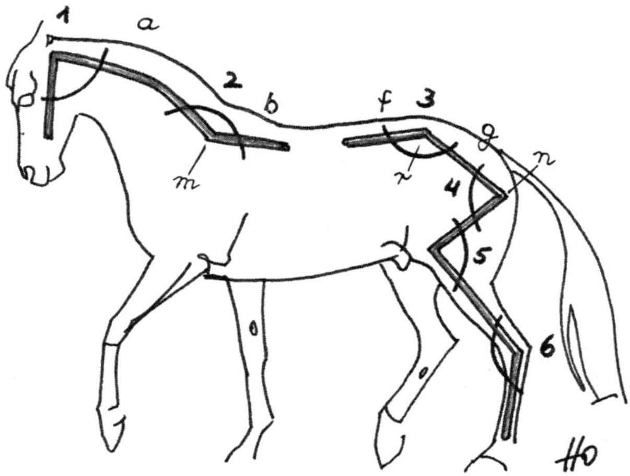

Abb. 47. Winkelbildungen im Gebäude des Pferdes: 1. Genickwinkel, durch Kopf und Hals gebildet; 2. Halswinkel, durch hintere Halswirbel mit vorderen Rückenwirbeln gebildet; 3. Rückenwinkel, durch hintere Rückenwirbel mit den Lendenwirbeln gebildet; 4. Hüftgelenkswinkel; 5. Kniegelenkswinkel; 6. Sprunggelenkswinkel; die drei letzteren werden durch die Knochen der Hinterhand gebildet; Hüft- und Kniegelenkswinkel = Hanken.

gungen, sondern von Beugungen und beschränkt die Bezeichnung Biegungen auf Veränderungen der Wirbellinie im horizontalen Sinne.

Als solche in Betracht kommende Winkelbildungen sind deutlich nachstehende 6 Winkel zu erkennen:

- Der Genickwinkel, d. h. der Winkel, der durch Kopf und Hals gebildet wird;
- der Halswinkel, den die hinteren Halswirbel mit den vorderen Rückenwirbeln bilden;
- der Rückenwinkel, d. h. der Winkel, den die hinteren Rückenwirbel mit den Lendenwirbeln bilden;
- der Hüftgelenkswinkel;
- der Kniegelenkswinkel;
- der Sprunggelenkswinkel (die letzten drei werden durch die Knochen der Hinterhand gebildet; man bezeichnet den Hüftgelenkswinkel und den Kniegelenkswinkel zusammen als Hanken).

Von diesen Winkeln ist die Durcharbeitung der Winkel beziehungsweise der Gelenke der Hinterhand am wichtigsten und wertvollsten. Je besser die Beweglichkeit in diesen Gelenken ist, desto mehr Last kann die Hinterhand aufnehmen, desto elastischer und schwungvoller werden die Gänge, desto besser ist die Versammlung. Da bei Durchbildung dieser Gelenke der Reiter das Gefühl bekommt, daß das Pferd hinter ihm tiefer wird, spricht man auch von relativer Aufrichtung.
Die Zusammenschiebung bzw. Verengung der Genick- und Halswinkel ergibt die Beizäumung und Aufrichtung.
Freilich muß der Reiter daran denken, daß jede vorzeitige Bearbeitung des Rückenwinkels, solange die Hinterhand noch nicht genügend untergesetzt ist, zum Durchdrücken des Rückens führt. Dadurch entsteht der Eindruck eines in zwei Teilen gehenden, zerbrochenen Pferdes.
Eine besondere Einwirkung auf den Rückenwinkel ist eigentlich nur bei solchen Pferden notwendig, die den Rücken steif machen und anspannen, wobei wieder zu untersuchen ist, ob dieser Fehler nicht durch eine ungünstige Ausbildung der Nierenpartie begründet ist. Ein solcher körperlicher Mangel wird eine weitere Bearbeitung des Pferdes als zwecklos erscheinen lassen.

Hebelwirkungen

Die Aufrichtung bewirkt also, daß die Vorhand des Pferdes entlastet und das Gewicht mehr der Hinterhand zugeführt wird. Sie beruht auf einer Hebelwirkung von Kopf und Hals, die kurz folgendermaßen skizziert sei:
Betrachten wir das Skelett des Pferdes von der Seite, so erkennen wir das Vorhandensein von 2 zweiarmigen Hebeln (s. Abb. 47). Der eine, vordere, wird gebildet von der Halswirbellinie (Hebelarm a) und von der Rückenwirbellinie (Hebelarm b); der Drehpunkt dieses Hebels liegt zwischen den beiden Schulterblättern im Punkt m. Der andere Hebel wird gebildet von der Lendenwirbellinie (Hebelarm f) und der Hüftbeinlinie (Hebelarm g); der Drehpunkt liegt zwischen den Hüftbeinhöckern im Punkt n. Die beiden

Hebelarme b und f sind im Punkt r miteinander verbunden und bilden den Rückenwinkel.
Solange beim noch nicht gymnastisch durchgearbeiteten Pferd der Hebelarm a (Halswirbellinie) gehoben wird, wird einerseits, da sich der Hebelarm b (Rückenwirbellinie) senkt, der Rückenwinkel vergrößert, andererseits aber auch die Hüftlinie (Hebelarm g) mehr der Horizontalen genähert und damit die Hinterhand des Pferdes zurückgesetzt. Das Pferd geht also in zwei voneinander fast unabhängigen Teilen mit durchgedrücktem Rücken. Man spricht dann von einem zerbrochenen Pferd.
Wir sehen also, wie unendlich wichtig es ist, daß jede aufrichtende Tätigkeit nicht eher einsetzt, als bis das Pferd in seinen Rückenmuskeln so weit gearbeitet und gefestigt ist, daß es die Last (Reiter und Sattel) mühelos trägt, daß in den Gangarten die Bewegungen schwingend und federnd von der Hinterhand über den Rücken bis ins Genick hinein durchfließen und daß auch die Bauchmuskeln so weit gearbeitet sind, daß das tonnenartige Rippengewölbe nicht allein von der Rückenwirbellinie gehalten wird (wobei diese nach unten gezogen und damit wieder der Rückenwinkel vergrößert wird), sondern daß dieses Gewölbe von unten her durch die Bauchmuskeln gestützt wird.
Durch die Festigung der Rückenmuskeln entsteht nun mit der Zeit eine ziemlich feste, fast starre Verbindung der Hebelarme b und f. Aus den beiden zweiarmigen Hebeln ist nunmehr ein zweiarmiger Hebel geworden, dessen Drehpunkt zwischen den Schulterblättern im Punkt m liegt; der vordere Hebelarm wird gebildet durch die Halswirbellinie a, an deren vorderem Endpunkt wieder der Kopf belastend wirkt; der hintere Hebelarm wird durch die nunmehr miteinander vereinigten Rücken- und Lendenwirbellinien b und f gebildet. Wird dessen hinteres Ende gesenkt, so werden unter der Voraussetzung, daß die Hinterbeine richtig herangestellt und nicht nach rückwärts hinausgesetzt sind, die drei Gelenke der Hinterhand (Hüft-, Knie- und Sprunggelenk) mehr zusammengedrückt, gebeugt, und dadurch das Pferd mehr versammelt.
Wir erkennen nunmehr, daß, wenn die Hinterhand mehr untergesetzt wird und damit ihre Winkel mehr gebeugt werden, der Punkt n (der obere Teil der Hüftbeine) und damit der hintere Hebelarm der Rückenlinie tiefer kommt, was sich auch auf den vorderen Hebelarm (Hals und Kopf) auswirkt: Dieser wird gehoben (relative Aufrichtung).
Wird aber durch aufrichtende Einwirkungen der Hände der vordere Hebel-

arm (Kopf und Hals) gehoben (absolute Aufrichtung), so wird der hintere Hebelarm (Rücken und Hinterhand) gesenkt, die Gelenke der Hinterhand werden gebeugt und die Haltung des Pferdes verbessert. So wird dann durch Aufrichten die Vorhand entlastet, das Gewicht der Hinterhand zugeführt und damit die Hebelwirkung von Kopf und Hals auf Rücken und Hinterhand gesichert.

Die Gangarten

Bei den Gangarten unterscheidet man: Schritt, Trab und Galopp.
In jeder Gangart unterscheiden wir wieder verschiedene Tempi oder Gangmaße, und zwar:
- das Arbeitstempo,
- das Gebrauchstempo,
- das Mittel- oder freie Tempo,
- das verstärkte oder starke Tempo,
- das versammelte oder abgekürzte Tempo.

Beim Arbeitstempo gibt es zusätzlich noch das verkürzte Arbeitstempo. Das Arbeitstempo wird im Wechsel mit freien Tempi mit jungen Reitern und jungen Pferden geritten. Verkürzte und versammelte Tempi werden im Wechsel mit freieren Tempi mit fortgeschrittenen Reitern beziehungsweise mit Pferden ab dem zweiten Ausbildungsjahr geritten. Der Mittelgalopp wird stets nur aus dem Arbeitsgalopp entwickelt.
Um die Pferde beim Reiten vorübergehend vom Zügel frei zu machen, wendet man das Überstreichen an; sollen die Pferde längere Zeit frei gehen, läßt man die Zügel völlig nach. Im letzteren Fall soll sich das Pferd im Hals und Rücken allmählich dehnen und die verlorengegangene Anlehnung selbst nach vorne wieder suchen. Keinesfalls darf dabei das Pferd mit dem Kopf nach oben schlagen oder nach unten stoßen. Beides ist ein Beweis, daß während des Reitens das Pferd mit gespanntem Rücken, also nicht genügend losgelassen gegangen ist oder daß der Reiter mit zu fester Hand geritten hat.

Die Gangarten unterscheiden sich durch die Art der Fortbewegung und durch die verschiedene Fußfolge. Bei allen Gangarten haben die Reiter darauf zu achten, daß das Tempo der Gangart und des Gangmaßes zum Ausdruck kommt und das Pferd einen reinen Takt geht.
Tempo bedeutet die Geschwindigkeit, mit der das Pferd eine bestimmte Strecke in einer bestimmten Gangart zurücklegt. Takt nennt man die gleichmäßige Zeitfolge und gleichbleibende Länge der Tritte und Sprünge des Pferdes innerhalb eines bestimmten Tempos.

Schritt

Der Schritt ist eine ruhige und schreitende Gangart, bei der die vier Füße sich derart nacheinander vorbewegen, daß die beiden Vorderfüße unmittelbar nach den gleichseitigen Hinterfüßen aufsetzen: links hinten – links vorne, rechts hinten – rechts vorne. Entsprechend dieser Art der Vorwärtsbewegung in 4 Takten sagt man: Der Schritt vollzieht sich in einer Viertakt-Bewegung.
Im Schritt unterscheiden wir je nach der Haltung des Pferdes:
- den Mittelschritt oder auch freien Schritt am langen Zügel;
- den starken Schritt oder auch langen Schritt mit hingegebenem Zügel;
- den versammelten Schritt.

Im freien Schritt am langen Zügel soll das Pferd mit fleißigen, raumgreifenden und gleichmäßigen Tritten in Anlehnung an den Zügel und in der Gebrauchshaltung zwanglos vorwärts schreiten. Die Zügel stehen in leichter Anlehnung; treibende Hilfen sorgen für die erforderliche Losgelassenheit und Maultätigkeit. Der richtige freie Schritt am langen Zügel ist daran zu erkennen, daß das Pferd bei elastischer Rückentätigkeit
- mit leicht gewölbtem Hals und etwas vor der Senkrechten stehender Nase weich am Zügel steht (nicht mit steifem Genick und steifen Ganaschen gegen die Hand des Reiters drückt),
- mit den Hinterfüßen genau in die Spur der Vorderfüße tritt,
- mit dem Schweif leicht pendelnde Bewegungen nach der Seite des jeweils vortretenden Hinterfußes macht.

Im langen Schritt mit hingegebenem Zügel soll das Pferd in freier, ungezwungener Haltung mit langgestrecktem Hals und Rücken raumgreifende

Abb. 48. Fußfolge im Schritt.

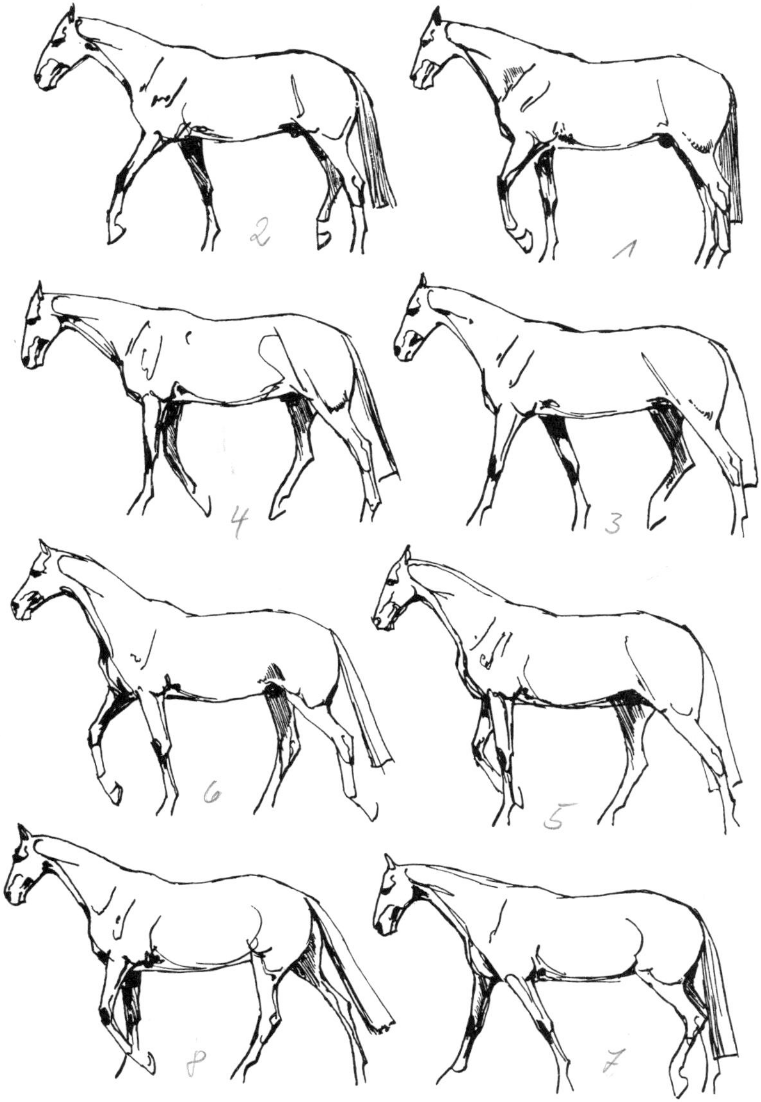

und eifrige Tritte machen. Der Reiter läßt dem Pferd große Freiheit, ohne jedoch die Fühlung mit dem Maul völlig aufzugeben. Durch dauernde Schenkeleinwirkung ist auf ein fleißiges Schreiten hinzuarbeiten. Es ist fehlerhaft, wenn die Pferde, sobald ihnen die Zügel hingegeben werden, mit dem Kopf schlagen oder mit dem Kopf nach unten stoßen. Um dies zu verhindern, gibt man die Zügel nicht plötzlich hin, sondern läßt die Pferde selbst die Zügel allmählich aus der Hand kauen.
Im versammelten Schritt soll das Pferd in Haltung und Versammlung mit gesenkter Hinterhand (gebogenen Hanken) und mit aufgerichteter Vorhand bei hergegebenem Genick in ausgeprägten reinen Tritten am Zügel entschlossen vorwärtsgehen. Die Tritte selbst sind etwas weniger raumgreifend, aber mehr erhaben als die Tritte bei nur leicht angenommenem Zügel. Zu enge Versammlung im Hals beeinträchtigt die Geräumigkeit des Schritts, und die Pferde verkriechen sich dabei hinter dem Zügel.
Im versammelten Schritt, der nur kurze Zeit geritten werden soll, ist besonders darauf zu achten, daß die klare viertaktmäßige Fußfolge erhalten bleibt und das Aufsetzen der gleichseitigen Vorder- und Hinterfüße nicht paßartig, also gleichzeitig oder fast gleichzeitig, sondern taktmäßig nacheinander erfolgt.

Trab

Der Trab ist eine schwungvolle Gangart im Zweitakt, bei der immer die diagonalen Beinpaare gleichzeitig vorbewegt und wieder gleichzeitig aufgesetzt werden. Da in dieser Bewegung die Vorderbeine für die gleichseitigen, vortretenden Hinterbeine Platz machen müssen, entsteht zwischen dem Abfußen des einen diagonalen Beinpaares und dem Wiederauffußen des anderen diagonalen Beinpaares ein kurzer Moment der freien Schwebe.
In der Dressur unerwünscht ist der Paßtrab, bei dem sich nicht die diagonalen, sondern die gleichseitigen Beinpaare gleichzeitig vorbewegen.
In der Gangart Trab unterscheiden wir:
- den Arbeitstrab bzw. den verkürzten Arbeitstrab;
- den Mitteltrab;
- den starken Trab;
- den abgekürzten oder versammelten Trab.

Abb. 49. Fußfolge im Trab.

Der Arbeitstrab ist dasjenige Tempo (Gangmaß), in dem das Pferd längere Zeit und ohne Schaden zu leiden gearbeitet werden kann. Er entwickelt sich aus dem natürlichen Trab und wird je nach dem Ausbildungsgrad von Pferd und Reiter als Arbeitstrab oder verkürzter Arbeitstrab geritten. Hierbei sollen der Arbeitstrab etwas stärker und der verkürzte Arbeitstrab etwas kürzer als der natürliche Trab geritten werden.
Im Arbeitstrab wendet der junge Reiter zum erstenmal die vortreibenden Hilfen an, da das Pferd in diesem Tempo immer etwas lebhafter gehen soll, als es selbst den Trab anbietet. Mit jungen Reitern ist der verkürzte Arbeitstrab erst dann zu reiten, wenn sie imstande sind, bei richtigem Sitz und richtigen Einwirkungen die Haltung des Pferdes nicht nur zu erhalten, sondern sie auch zu verbessern. Auch dann ist dieses Tempo nur bei solchen Übungen zu reiten, die einer stärkeren Einwirkung seitens des Reiters bedürfen, z. B. Reiten der Volte mit 6 Schritt Durchmesser, Angaloppieren aus dem Trab, Reiten in Stellung.
Beim Arbeitstrab wie auch beim Mitteltrab soll das Pferd bei elastisch arbeitendem (nicht krampfhaft angespanntem) Rücken schwungvolle Tritte machen und mit den Hinterfüßen in die Spur der Vorderfüße treten. Das Pferd soll dabei Anlehnung an die Hand des Reiters suchen, bestimmt, aber doch leicht am Zügel stehen und den aus der Hinterhand kommenden Schwung bis ins Genick durchfließen lassen. Es läßt dabei die Nase fallen und trägt sich selbst.
Der Mitteltrab dient besonders zur Ausbildung und Stärkung der Schubkraft der Hinterhand. In ihm müssen Schwung und Selbsthaltung des Pferdes zum Ausdruck kommen. Das Tempo des Mitteltrabs ist genau festgelegt und beträgt 300 Schritt in der Minute.
Im *starken Trab*, der zur weiteren Verstärkung des Schwunges aus der Hinterhand dient, müssen die Tritte noch raumgreifender und kraftvoller als im Mitteltrab werden. Während Selbsthaltung und Durchlässigkeit erhalten bleiben, wird die Anlehnung bestimmter.
Der starke Trab soll nicht in der Abteilung, sondern nur beim Durcheinander- oder Einzelreiten und in der Bahn nur an den langen Seiten oder auf der Diagonale geritten werden. Er ist sofort wieder zu verkürzen, wenn übereilte Tritte entstehen und das Pferd in die Eisen klappt.
Stürmt dabei ein Pferd mit gestrecktem Hals vorwärts und wirft es sich auf die Hand des Reiters, so hat es für den starken Trab nicht das erforderliche Gleichgewicht und muß nachgearbeitet werden.

Im *versammelten oder abgekürzten Trab* soll das Pferd erhabenere und weniger raumgreifende Tritte als im Mitteltrab zeigen. Es muß bei gebeugten Hanken mit den Hinterbeinen mehr Last aufnehmen, sich in der Vorhand höher tragen und dabei Versammlung mit Durchlässigkeit verbinden. Der Reiter soll das Gefühl bekommen, daß das Pferd vor ihm größer und hinter ihm tiefer wird.
Gespannte Tritte, die sich im Trab in allen Tempi einstellen können, kommen aus einem festgehaltenen und krampfhaft aufgewölbten Rücken und sind Zeichen von falscher Muskeltätigkeit. Sie müssen durch vermehrtes Vortreiben und Herauslasssen der Tritte unterdrückt werden. Zur Korrektur dieses Fehlers genügt eine geringe Schulterhereinstellung.
Bei der Trabbewegung ist besonders darauf zu achten, daß das Pferd den vorgestreckten Vorderfuß nach vorn in Richtung des Hufes aufsetzt und ihn nicht wieder zurückzieht.

Abb. 50. Leichttraben: beim Abfußen des inneren Hinterfußes Gesäß heben.

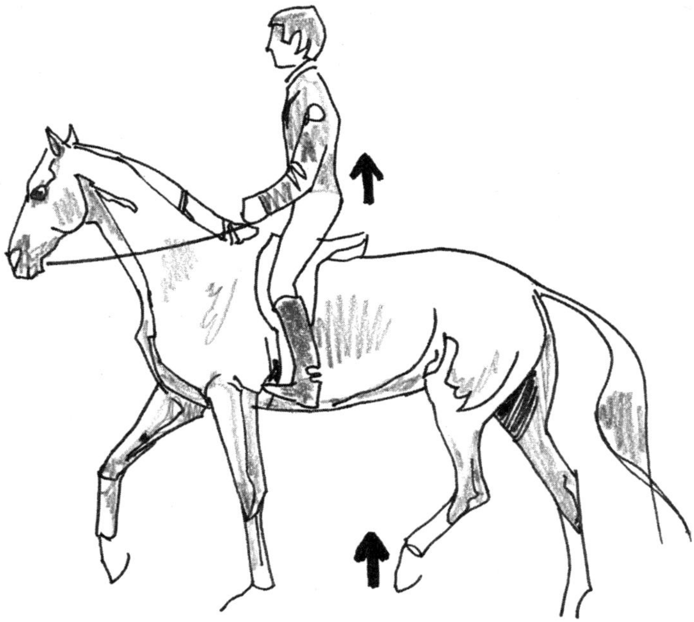

Leichttraben

Das Leichttraben dient zur Schonung des Pferdes auf längeren Ritten im Gelände und zur geringeren Anstrengung für Pferd und Reiter beim Reiten in der Bahn.

Beim Leichttraben fängt der Reiter, auf Knie und Bügel sich stützend, je einen Trabtritt ab und setzt sich erst nach dem folgenden Tritt mit vorgeschobenem Gesäß wieder voll und weich in den Sattel nieder. Das Leichttraben vermindert die Gewichtseinwirkung des Reiters auf den Rücken und die Gelenke des Pferdes; es erleichtert dem Pferd das Atmen sowie das Abstoßen und Untersetzen der Hinterbeine. Dennoch müssen aber durch stets treibende Hilfen der Gang und die Nachgiebigkeit des Pferdes gefördert werden. Der Reiter darf daher beim Leichttraben das Pferd nicht aus-

Abb. 51. Leichttraben: beim Auffußen des inneren Hinterfußes aussitzen.

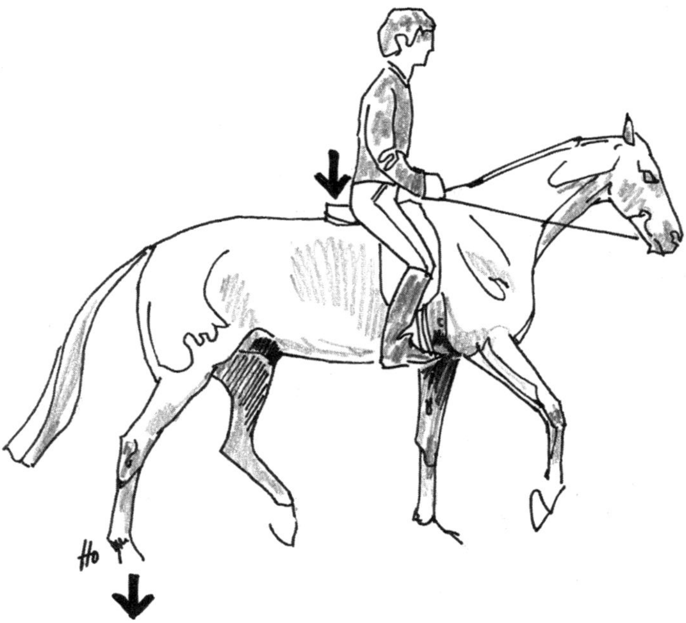

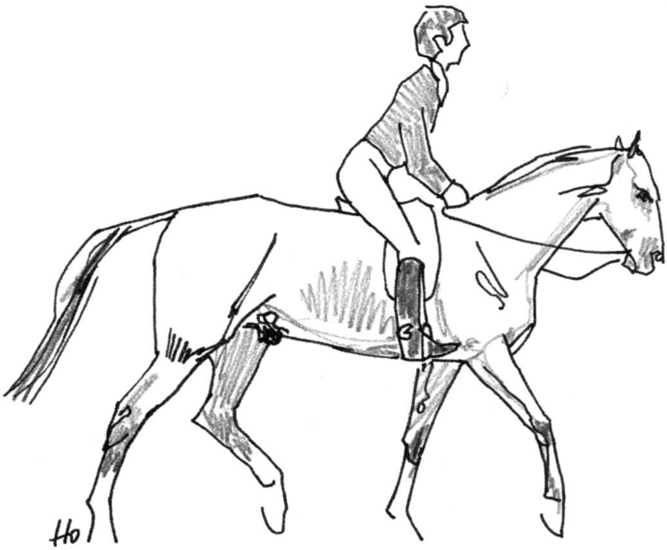

Abb. 52. Mögliche Fehler beim Leichttraben: mit dem Oberkörper vornüberfallen, Gesäß nach hinten hinausschieben, Unterschenkel abspreizen, Zügel durchhängen lassen.

einanderfallen lassen, sondern muß es stets in leichter, jedoch bestimmter Anlehnung am Zügel behalten.

Beim Reiten auf gebogenen Linien ist stets auf dem inneren Hinterfuß leichtzutraben, weil nur der durch den inneren Schenkel zu richtigem Untertreten veranlaßte innere Hinterfuß die Körperlast richtig zu stützen vermag. Beim Reiten auf geraden Linien kann auf dem einen oder anderen Hinterfuß leichtgetrabt werden, jedoch ist bei der Ausbildung der Pferde darauf zu achten, daß sie dem Reiter beim Leichttraben auf beiden Hinterfüßen das gleiche bequeme und gleichmäßige Gefühl geben, was dann ein Beweis für die gleichmäßige Ausbildung beider Seiten des Pferdes ist. Bei längeren Ritten muß beim Leichttraben der Hinterfuß des öfteren gewechselt werden. Fällt das Fußwechseln dem Pferde schwer, wird es in seinen Bewegungen oder mit dem Kopf unruhig oder wirft es den Reiter von selbst auf den anderen Fuß, so ist es besser zu unterlassen, wenn es sich dabei um ältere und strapazierte Pferde handelt.

Falsch ist es, beim Leichttraben durch besonders starkes Austreten der Bügel und durch Strecken des Kniegelenkes das Gesäß mehr als nötig aus dem Sattel zu heben; ferner mit dem Oberkörper vornüberzufallen; das Gesäß mit losem Kreuz nach hinten herauszuschieben; die Schenkel mit starren Knie- und Fußgelenken abzuspreizen; die Zügel locker hängen zu lassen.
Das Leichttraben ist gründlich zu üben. Wichtig dabei ist vor allem, daß die Reiter immer wieder angeregt werden, die beim Leichttraben fehlende vortreibende Wirkung des Reitergewichts durch rege Tätigkeit der immer am Pferde bleibenden Unterschenkel und durch gute Haltung des Oberkörpers zu ersetzen.

Galopp

Der Galopp ist eine schwungvolle Bewegung und setzt sich aus unmittelbar aufeinanderfolgenden Sprüngen zusammen, zwischen denen ein Augenblick der freien Schwebe zu erkennen ist. Der Galopp ist eine Dreitakt-Bewegung, bei welcher nach dem Moment der freien Schwebe zuerst der auswendige Hinterfuß, dann gleichzeitig der auswendige Vorderfuß und der inwendige Hinterfuß (die äußere Diagonale), zuletzt der inwendige Vorderfuß auffußt.
Zur Vermeidung irrtümlicher Anschauungen sei jedoch bemerkt, daß sich der erste Galoppsprung beim Angaloppieren und jeder weitere Galoppsprung in der Weise vollzieht, daß vor jedem Sprung der äußere Hinterfuß das ganze Pferd zuerst zu tragen und dann nach vorwärts abzuschieben hat. Der äußere Hinterfuß hat also die Hauptarbeit zu leisten, weshalb der Galopp das Pferd zur vermehrten Beugung des äußeren Hinterfußes zwingt. Die Einwirkungen des Reiters mit Gewichts- und Zügelhilfen haben demgemäß zur Beugung des äußeren Hinterfußes beizutragen. Die drei Takte jedes Galoppsprungs gestalten sich, da die Bewegung vom gebeugten äußeren Hinterfuß ausgeht, wie folgt:
1. Takt: Aufsetzen des diagonalen Beinpaares (innerer Hinterfuß und äußerer Vorderfuß), wobei nunmehr der stark vorgreifende innere Hinterfuß zunächst zusammen mit dem äußeren Hinterfuß und dann zusammen mit dem äußeren Vorderfuß dem Pferd als Stütze zu dienen hat.

Abb. 53. Fußfolge im Linksgalopp.

2. Takt: Aufsetzen des weit vortretenden inneren Vorderfußes, der schließlich allein die ganze Last des Pferdes aufzunehmen hat.
3. Takt: Aufsetzen des im Vergleich zum inneren Hinterfuß weniger weit vorgreifenden äußeren Hinterfußes, der dann wieder, sich mehr und mehr beugend, das Pferd zu tragen und durch starkes Strecken seiner Gelenke den Schwung zum nächsten Galoppsprung zu geben hat.
Diese drei Takte folgen einander im gleichen Zeitmaß. Dann entsteht eine längere Pause, während der sich die Arbeit des äußeren Hinterfußes vollzieht. Die auf hartem Boden bei jedem Galoppsprung im Dreitakt deutlich hörbare Pause liegt also zwischen dem Aufsetzen des äußeren Hinterfußes und dem der äußeren Diagonale und nicht in der sogenannten Schwebe zwischen dem 2. und 3. Takt.
Entsprechend dem Auftreten des inwendigen Vorderfußes wird der Galopp als Rechts- oder Linksgalopp bezeichnet. Bei der Gangart Galopp greifen

Abb. 54. Der äußere Hinterfuß trägt die Hauptlast beim Angaloppieren.

die Füße der inneren Seite weiter vor als die der äußeren, wodurch wieder eine leichte Biegung der Wirbellinie nach innen und ein leichtes Tiefernehmen der inneren Hüfte bedingt wird. Dieser Haltung des Pferdes muß sich der Reiter in seinem Sitz anpassen (Galoppsitz).

Galopptempi

Wir unterscheiden bei der Gangart Galopp folgende Tempi:

1. *Arbeitsgalopp.* Er entwickelt sich aus dem natürlichen Galopp des Pferdes, und Ruhe, Losgelassenheit und Gleichgewicht sollen dabei zum Ausdruck kommen. Der Arbeitsgalopp kann wieder in 2 Tempi geritten werden, nämlich als Arbeitsgalopp, der etwas freier als der natürliche Galopp ist, und als verkürzter Arbeitsgalopp, der kürzer als der natürliche Galopp ist. Der verkürzte Arbeitsgalopp darf erst dann geritten werden, wenn der Reiter gelernt hat, mit den Bewegungen des Pferdes mitzugehen, und wenn Oberkörper, Arme, Hände, Unterschenkel und Füße jede unnatürliche Haltung verloren haben. – Bei jungen Pferden darf der verkürzte Arbeitsgalopp erst geritten werden, wenn Arbeits- und Mittelgalopp genügend gefestigt sind und sich das Pferd auf beiden Händen in runigen, gleichmäßigen Galoppsprüngen fortbewegt und dabei in leichter Anlehnung stehend bereit ist, verhaltende Hilfen anzunehmen.
   Während daher bis zur Erzielung des richtigen Sitzes hauptsächlich der Arbeitsgalopp geritten werden soll, dient der verkürzte Arbeitsgalopp vornehmlich allen Übungen, die einer vermehrten Einwirkung des Reiters während des Galopps bedürfen.
2. *Mittelgalopp.* Er veranlaßt das Pferd zu vermehrter Rückentätigkeit sowie zu vermehrter Beugung und Streckung der Hinterhand. Im Mittelgalopp soll der Galoppsprung geräumig und gleichmäßig sein. Das Tempo des Mittelgalopps ist genau festgelegt und beträgt 350 Schritt in der Minute.
3. *Starker Galopp.* Hierbei wird die Länge des Galoppsprungs noch mehr gesteigert, indem der Mittelgalopp auf geraden, langen Linien nach und nach verstärkt wird. Der starke Galopp darf allerdings in der Bahn nicht geritten werden, jedoch kann auch hier ausnahmsweise der Galopp an den langen Seiten zu Ausbildungszwecken über das Mitteltempo hinaus verstärkt werden.

Abb. 55. Versammelter Galopp, auf die Hinterhand gesetzt.

4. *Versammelter oder abgekürzter Galopp.* Das Pferd soll bei gebeugten Hanken mit den Hinterbeinen die Last vermehrt aufnehmen und sich bei jedem Sprung wieder kräftig abschwingen. Die einzelnen Sprünge sollen erhabener und weniger raumgreifend sein als im Arbeitsgalopp. Der versammelte Galopp hat den Zweck, die Biegsamkeit der Hinterhand zu fördern, dem Pferd eine vollkommenere Haltung zu geben, es für Paraden aus stärkeren Gangmaßen mit untergesetzter Hinterhand durchlässig zu machen sowie es auf die schulgerechten Wendungen vorzubereiten.

Verhalten des Reiters im Galopp

Während des Galopps muß der Reiter schmiegsam den Bewegungen des Pferdes folgen. Dazu muß er bei vorgeschobenen Hüften den Oberkörper, ohne die Muskeln anzuspannen, senkrecht halten, die inwendige Hüfte bei tiefem innerem Knie und Absatz vorrichten und die äußere Schulter gut mitnehmen. Ein Einknicken der inneren wie auch der äußeren Hüfte ist zu vermeiden. Knie und Fußgelenke müssen weich federn. Der innere Schenkel muß aber stets am Pferd anliegen und darf nicht durch die Muskelbewegung des Pferdes zum Abschwingen aus dem Kniegelenk nach vorn gebracht werden; ebenso müssen unruhige Arme und Hände vermieden werden. Ein Hauptfehler beim Galoppieren ist ein klappendes Gesäß, das durch falsche Anspannung der Muskeln, durch Steifmachen der Gelenke sowie durch Festklemmen der Knie und Unterschenkel verursacht wird. Dieser Fehler wird vermieden durch völlige Losgelassenheit und gutes, weiches Mitgehen des Oberkörpers in die Bewegung.

Verstärken und Verkürzen des Galopps

Durch vermehrt vortreibende Einwirkungen bei weich nachgebendem Zügel ist der Galoppsprung weich und fließend zum Mittelgalopp und später darüber hinaus zum starken Galopp zu verstärken, wobei das Verstärken zum starken Galopp nur auf langen, geraden Linien erfolgen darf. Beim Verstärken soll nur der einzelne Galoppsprung länger und raumgreifender, der Galopp aber niemals eiliger werden. Durch immer wieder einsetzende halbe Paraden, gegeben mit versammelnden Gewichts- und durchhaltenden Zügelhilfen, ist das Pferd in richtiger Haltung und in Gehorsam und trotz bestimmter werdender Anlehnung durchlässig zu erhalten. Beim Verstärken des Galopps muß der Reiter seinen Schwerpunkt um so mehr vorverlegen, je stärker das Tempo ist, und auch gut im Sitz mitgehen. Durch das Vorlegen des Oberkörpers wird der Rücken des Pferdes entlastet. Das Pferd wird dadurch zu freierer Muskeltätigkeit und zu raumgreifenderen Sprüngen befähigt.
Zum Verkürzen des Galopps muß der durch die versammelnde Gewichtshilfe und die Schenkelhilfen vermehrt untergeschobenen Hinterhand durch halbe Paraden (besonders mit dem äußeren Zügel) mehr Last zugeschoben werden. Der innere Schenkel muß durch erneute Hilfen zum Angaloppieren im Moment des Abfußens des inneren Hinterfußes diesen zum vermehrten Untertreten unter die Schwerpunktlinie bringen, der äußere Schenkel aber durch Druck den äußeren Hinterfuß zum Abschwingen anregen. Das Annehmen und Nachgeben der Hände muß im Takt der Sprünge erfolgen. Bei diesem Annehmen und Nachgeben der Hände ist darauf zu

achten, daß die mit dem inneren Zügel gegebene Einstellung nicht verlorengeht.
Schwunglosem Galoppieren im verkürzten oder abgekürzten Galopp ist durch kräftige Schenkelhilfen und freieres Gangmaß zu begegnen.

Entwicklung der Gangarten und Übergänge von einer in eine andere Gangart

Das Entwickeln der Gangarten aus dem Halten, der Übergang von einer niederen Gangart in eine höhere und das Verstärken des Tempos innerhalb einer Gangart erfolgt im allgemeinen durch treibende Schenkelhilfen und vorschiebende Gewichtshilfen bei anstehenden Zügeln, mit denen man, falls nötig, ein wenig nachgeben kann.
Das Verkürzen des Tempos innerhalb einer Gangart, der Übergang von einer höheren Gangart in eine niedrigere und die Parade aus einer Gangart zum Halten erfolgen im allgemeinen durch verhaltende Zügelhilfen (durchhaltende oder annehmende) und durch versammelnde Gewichtshilfen. Vor jeder Parade ist das Pferd durch treibende Schenkeleinwirkungen an den Zügel zu stellen. Der ansaugende Schenkel hat dafür zu sorgen, daß die Hinterhand des Pferdes an der Parade teilnimmt und das Pferd nach beendeter Parade im neuen Gangmaß oder in der neuen Gangart lebhaft und schwungvoll weitergeht oder nach einer Parade zum Halten versammelt und gleichmäßig auf allen vier Beinen steht. Es darf keinesfalls die Hinterbeine zurücksetzen oder gar zurücktreten.

Anreiten aus dem Halten und Übergänge zum Schritt

Zum Anreiten im Schritt aus dem Halten schiebt der Reiter das an die Zügel gestellte Pferd durch vorschiebende Gewichtshilfen bei leicht angespanntem Kreuz und durch vorwärtstreibende Schenkelhilfen (möglichst

Abb. 56. Nach der Parade zum Halten steht das Pferd versammelt und gleichmäßig auf allen vier Beinen.

nur durch einmaliges Andrücken) in die Vorwärtsbewegung hinein. Die Hände müssen, ohne daß die Anlehnung aufgegeben wird, gleichzeitig so viel nachgeben, daß das Pferd frei antreten kann. Das Anreiten muß in ganz gerader Linie erfolgen, und es muß wenigstens eine Pferdelänge geradeaus geritten werden, bevor der Reiter die Bewegungsrichtung ändert.
Der Übergang aus einer anderen (höheren) Gangart zum Schritt erfolgt bei saugend anliegendem Schenkel durch Anwendung der versammelnden Gewichtshilfen im Verein mit durchhaltenden oder annehmenden Zügelhilfen.

Entwicklung des Trabes

Zum Antraben aus dem Schritt werden dieselben Hilfen gegeben wie zum Anreiten im Schritt. Erfolgt das Antraben aus dem Halten, so müssen die Hilfen etwas bestimmter gegeben werden. Zur Ausübung einer stärkeren

Reizwirkung kann beim Antraben aus dem Halten anstelle des drückenden Schenkels einmal der »klopfende Schenkel« zur Wirkung kommen. Sitz und Hand müssen weich in die Trabbewegung eingehen.
Zum Verstärken des Tempos treiben die Schenkel, ohne zu stoßen, das Pferd mehr vorwärts. Die Hand läßt zunächst freiere Tritte heraus, nimmt dann aber bestimmtere Anlehnung. In freieren Trabtempi ist darauf zu achten, daß die Schenkel ruhig am Pferd liegenbleiben und daß der Reiter nicht durch fortwährend klopfende Schenkel die Bewegung des Pferdes stört. Nur in solchen Fällen, in denen der eine oder andere Hinterfuß zum vermehrten Vor- oder Untertreten veranlaßt werden soll, kann der Reiter dies durch einen einseitig klopfenden Schenkel fordern. Diese Hilfe muß dann aber in dem Moment einsetzen, in dem das Pferd den betreffenden Hinterfuß vom Boden abhebt.
Das Verkürzen des Tempos erfolgt durch versammelnde Gewichts- und durchhaltende, notfalls annehmende Zügelhilfen.

Entwicklung des Galopps

Zum ruhigen und gesetzten Angaloppieren muß das Pferd zunächst einmal durch die vorschiebende Gewichtshilfe an die Zügel gestellt und zum Galopp vorbereitet werden, bevor dann der Reiter den Galoppsitz einnimmt. Nun erst dürfen die eigentlichen, den Galopp auslösenden Hilfen gegeben werden.
Dieser Abfolge entsprechend ist besonders bei jungen Pferden und bei jungen Reitern das Angaloppieren in vier Zeit- oder Entwicklungsphasen durchzuführen.

1. Phase: Das Pferd wird versammelt.
Durch Anspannen des Kreuzes, durch leicht vortreibende Schenkelhilfen beider Schenkel am Gurt (aber nur durch verstärktes Anlegen und nicht durch Klopfen) bei vorherrschendem innerem Schenkel und mit durchhaltenden Zügelhilfen (wobei die Richtung der Zügel gegen den äußeren Hinterfuß geleitet werden muß, um ihn zu stärkerer Beugung und zu etwas kürzerem Vorgreifen zu veranlassen) wird der Hinterhand des Pferdes mehr Last zugeschoben, die Tritte werden kürzer und erhabener.

2. Phase: Das Pferd wird zum Galopp eingestellt.
Durch leichtes Annehmen des inneren Zügels und entsprechendes Gegenhalten des äußeren Schenkels dicht hinterm Gurt wird das Pferd in seiner Wirbelsäule um den inneren Schenkel gebogen; außerdem verhindert das Annehmen des inneren Zügels das fehlerhafte Hereinstellen der Hinterhand. Mit Rücksicht auf die in der letzten Phase gebotene Einwirkung mit dem äußeren Zügel darf in der 2. Phase die äußere Hand nicht tiefer genommen werden als die innere; sie soll sogar etwas höher stehen.

3. Phase: Der Reiter nimmt den Galoppsitz ein.
Hierbei muß folgendes beachtet werden: Der innere Schenkel, in seiner normalen Lage am Gurt, regt den inneren Hinterfuß zum richtigen Untertreten unter die Schwerpunktlinie an und gibt dem Pferd die erforderliche Rippenbiegung. Die innere Hüfte wird tiefer gestellt und so weit vorgeschoben, daß der Reiter mehr auf der äußeren Gesäßhälfte sitzt, wodurch der äußere Hinterfuß etwas mehr belastet wird. Um ein Zurückneigen des Oberkörpers, ein Einknicken in der äußeren Hüfte und ein fehlerhaftes Zurückhängen der äußeren Schulter zu vermeiden, wird der Schwerpunkt des Oberkörpers etwas nach innen gelegt und die äußere Schulter in Höhe der inneren vorgenommen. Erst unmittelbar vor dem Angaloppieren wird der äußere Schenkel ohne irgendwelche Druckwirkung in die verwahrende Schenkellage (etwa eine Handbreit hinter dem Gurt) gebracht.

4. Phase: Das Angaloppieren.
Zur eigentlichen Entwicklung des Galopps, wobei das Pferd mit den inneren Füßen weiter vortreten, die Vorhand, besonders auch den äußeren Vorderfuß, mehr heben und den Sprung aus dem äußeren Hinterfuß, der hierzu etwas zurückgehalten werden muß, erzeugen soll, bedarf es jetzt noch nachstehender, unmittelbar aufeinander folgender Einwirkungen des Reiters:
- Weiches, aufwärts-rückwärts gerichtetes Annehmen des äußeren Zügels zum Heben der Vorhand und zum Verhalten des äußeren Hinterfußes;
- Anspannen des Kreuzes bei vermehrtem Sitz auf beiden Gesäßknochen und Vorschieben des Gesäßes gegen den Vorderzwiesel;
- kurz anklopfende Hilfe des inneren Schenkels unmittelbar am Gurt; wodurch der Gang gestört und das Pferd zu erweitertem Vortreten mit dem inneren Hinterfuß veranlaßt wird;
- damit verbunden verstärktes drückendes Anlegen (nicht Klopfen) des

äußeren Schenkels hinterm Gurt, wodurch der äußere Hinterfuß zum erforderlichen Abschwingen (Abstoßen) gezwungen wird;
- Nachgeben beider Hände, besonders aber der inneren, um den Sprung herauszulassen und das Vortreten des inneren Vorderfußes zu ermöglichen, und Eingehen des Oberkörpers in die Galoppbewegung.

Das Angaloppieren erfolgt am zweckmäßigsten auf dem Zirkel, und zwar auf dem Teil zwischen dem offenen Paradepunkt und dem Paradepunkt an der nächsten langen Wand oder aus einer eventuell vergrößerten Volte oder nach der langen Seite unter Ausnutzung der ersten Ecke der kurzen Seite.

Junge Reiter müssen zuerst durch Einzelübung, auch an der Longe, das Gefühl für die Galoppbewegung bekommen. Erst wenn sie ganz unabhängig und schmiegsam sitzen können, lernen sie, selbst dem Pferd die Hilfen zum Angaloppieren zu geben. Diese Vorbereitung macht sich bezahlt, sowohl für den Sitz des Reiters wie auch zur Schonung der Pferde, die sich sonst, um der steten Behinderung durch falsch sitzende und einwirkende Reiter zu entgehen, Fehler angewöhnen wie Stürmen oder Ausfallen.

Ist auf solche Weise das Angaloppieren aus dem Schritt und aus dem verkürzten Arbeitstrab gesichert, dann kann zum Angaloppieren auf gerader Linie übergegangen werden, wobei sich an der Hilfengebung nichts ändert.

Übergang aus dem Galopp

Zum Übergang in den Trab ist von seiten des Reiters der Galoppsitz aufzugeben und das Pferd aus der Galoppstellung in die Trabstellung überzuführen. Sodann ist bei versammelnden Gewichts- und treibenden Schenkelhilfen das Pferd vermehrt an die Zügel zu stellen und hierbei durch Annehmen des inneren und Durchhalten des äußeren Zügels das im Galopp geforderte weitere Vorsetzen der inneren Füße zu verhindern. Durchhaltende Gewichts- und Zügelhilfen unterstützen die Schenkelarbeit. Bei gespanntem Kreuz muß der Reiter mit dem Oberkörper sofort in die Trabbewegung eingehen und durch festen Schluß ein starkes Einfallen in den Sattel verhindern.

Bei heftigen Pferden oder bei Pferden, die die Parade zum Trab nicht annehmen, empfiehlt es sich, vor der Parade eine schulterhereinartige Stellung anzunehmen und in dieser die Parade zum verkürzten Arbeitstrab oder

zum versammelten Trab auszuführen und diese Stellung auch während der ersten Trabtritte beizubehalten.
Nach dem Übergang zum Trab muß der Reiter besonders schmiegsam in die Bewegung des Pferdes eingehen. Er darf hierbei niemals hart in den Sattel hineinfallen oder das Pferd durch unruhige, klopfende Schenkel oder durch unstete, hämmernde Hände oder durch ungleichmäßig annehmende Zügel in der richtigen Ausführung der Trabtritte stören. Durch solches Verhalten würde das Pferd zu krampfhaften Bewegungen oder zu erneutem Angaloppieren nach der Parade veranlaßt werden.
Bei den Übergängen zum Schritt bzw. zum Halten werden die Hilfen sinngemäß stärker gegeben, wobei in erster Linie der versammelnden Gewichtshilfe vermehrt Beachtung zu schenken ist. Dabei darf aber, insbesondere bei der Parade zum Halten, der Oberkörper nicht plötzlich und auffallend zurückgeworfen werden.

Fehler bei der Entwicklung der Gangarten

Fallen die Pferde beim Anreiten aus dem Halten ins Zackeln (trabartige Bewegung bei schleppender Hinterhand in kurzen, wenig raumgreifenden Tritten), so liegt die Ursache darin, daß die Pferde im Moment des Anreitens nicht richtig am Zügel stehen und mit den Hinterbeinen nicht genügend untertreten, sondern nur nachschleifen. Solche Pferde müssen erst durch treibende Gewichts- und Schenkelhilfen an den Zügel gestellt, in eine schwungvolle Trabbewegung gebracht und aus dieser heraus zum Schritt pariert werden. Dann wieder halten und erneut anreiten.
Beim Entwickeln des Trabs kommt es vor, daß die Pferde angaloppieren anstatt anzutraben. Dieser Galopp ist aber dann nicht korrekt, denn das Pferd setzt die Hinterbeine nicht unter und steht auch nicht richtig am Zügel. Die Korrektur besteht daher darin, das Pferd durch treibende Gewichts- und Schenkelhilfen an den Zügel zu stellen und zur Ausführung richtiger, schwungvoller Galoppsprünge zu veranlassen, aus denen heraus es dann zum Trab pariert wird. Beim Reiten in der Abteilung muß man hierzu bis auf einen Schritt auf den Vordermann aufrücken.
Nimmt beim Übergang aus dem Galopp zum Trab das Pferd die Hilfen des Reiters nicht an, wobei es oft hinter dem Zügel geht, so ist das Pferd

zunächst durch treibende Einwirkungen an die Zügel zu stellen und dann der Übergang zum Trab erneut zu fordern. Versagt dieses Mittel, so ist, wie schon oben erwähnt, vor der Parade dem Pferd eine schulterhereinartige Stellung zu geben und nach durchgeführter Parade einige Tritte schulterhereinartig weiterzureiten. Beim Reiten in der Abteilung erfolgt diese Korrektur zweckmäßig an der kurzen Seite der Reitbahn, wozu man auch noch, um mehr Zeit zu haben, einige Schritte vor der Ecke abwendet.

Die am häufigsten auftretenden Fehler beim Angaloppieren sind folgende:

1. Das Angaloppieren erfolgt nicht auf einem Hufschlag, sondern mit hereingestellter Hinterhand;
2. das Pferd galoppiert falsch an;
3. das Pferd entzieht sich der Galopphilfe durch Antraben oder Verstärken des Trabtempos;
4. das bäumende Angaloppieren.

Zu 1. Zum Angaloppieren darf der Reiter sein Pferd keinesfalls auf zwei Hufschläge stellen, d. h. die Hinterhand mit dem äußeren Schenkel nach innen gegen den Zirkel, die Volte oder das Innere der Bahn hineinschieben. Es ist daher besonders darauf zu achten, daß der innere Schenkel treibend am Gurt liegen bleibt und daß der innere Zügel in leicht vermehrter Anlehnung das Pferd richtig einstellt. Bei Pferden, die dennoch die Neigung haben, auf zwei Hufschlägen anzugaloppieren, ist dies meist dadurch begründet, daß sie sich durch Ansteifen der inneren Ganasche der Einstellung entziehen und sich mit der Hinterhand in die Biegung werfen. Vorsichtiges, kaum fühlbares Verkürzen des inneren Zügels und stärkere Tätigkeit des etwas mehr zurückliegenden inneren Schenkels sind die Mittel, den Fehler zu beseitigen.

Zu 2. Das falsche Angaloppieren entsteht in sehr vielen Fällen dadurch, daß der Reiter in dem Bestreben, dem Pferd eine Stellung nach innen zu geben, den inneren Zügel zu stark annimmt und dem Pferd dadurch nicht die erforderliche Freiheit zum Vorgreifen der inneren Füße gibt. Ein falsch angaloppierendes Pferd muß durchpariert, geradegerichtet und, nachdem es erneut vorbereitet ist, wieder angaloppiert werden. Hierzu muß sich der Reiter genügend Zeit lassen und das Pferd einige Zwischentritte im Schritt oder versammelten Trab gehen lassen. Wird in der Abteilung geritten, so muß der Reiter unter allen Umständen den Hufschlag freimachen, die kurze Seite zur Parade und die Wendung zur langen Seite zum erneuten Angaloppieren benutzen. Pferde, die stets falsch angaloppieren, müssen

durch verstärkte Hilfengebung, insbesondere durch vermehrte Stellung und Versammlung, gut vorbereitet und durch nachdrücklich einsetzende und kräftige Schenkelhilfen des inneren Schenkels zum Vorgreifen mit den inwendigen Füßen veranlaßt werden. Als Unterstützung und um den Vortritt der inneren Füße zu erleichtern, können hierbei das Angaloppieren aus der Ecke, aus einer Volte, aus einer scharfen Wendung oder ausnahmsweise das Angaloppieren in einer leichten Traversstellung dienen. Versagen auch diese Mittel, so sind die Pferde an der Longe einzugaloppieren.
Zu 3. Pferde, die sich durch Antraben bzw. durch verstärktes Traben dem Galopp zu entziehen versuchen, sind in eine bessere Versammlung zu bringen; auch müssen die Schenkelhilfen noch kräftiger gegeben werden.
Zu 4. Das bäumende Angaloppieren, bei dem das Pferd den ersten Galoppsprung nicht nach vorwärts, sondern mehr nach aufwärts macht, ist meist durch zu starke Beizäumung und ungenügendes Nachgeben der Zügel begründet. Durch richtiges Verhalten des Reiters wird die Ursache und damit auch der Fehler selbst beseitigt.

Fehler innerhalb der Gangarten

Wie beim Anreiten aus dem Halten kommt auch während der Gangart Schritt das Zackeln vor, das in der gleichen, dort angegebenen Weise zu korrigieren ist.
Beim Reiten in der Abteilung fallen Pferde, die einen schlechten, wenig raumgreifenden Schritt haben, häufig in diesen Fehler. Bei solchen Pferden dürfen die Zügel nur ganz leicht anstehen. Bei ganz ruhigem Sitz und ruhig anliegenden Schenkeln sind nur die nachgebenden Zügelhilfen anzuwenden. Außerdem ist durch Abrunden der Ecken dafür zu sorgen, daß zu groß gewordene Abstände wieder ausgeglichen werden. Viel Geländereiten im Schritt am langen Zügel vermag oft eine Besserung zu bringen.
Beim Einzelreiten im Freien ist das Zackeln meist im Temperament des Pferdes begründet und tritt besonders beim Rückweg zum Stall ein. Jede Korrektur oder gar jede Strafe ist zwecklos und daher zu unterlassen, da das Pferd nur noch unruhiger würde. Führt beruhigendes Zureden und Gehen am langen Zügel nicht zum Ziel, so empfiehlt es sich, solche Pferde in einem ruhigen Arbeitstrab nach Hause zu reiten und Schritt nur auf

gepflasterten Wegen oder auf der letzten Strecke vor dem Stall zu reiten. Ein anderer Fehler, der im Schritt auftritt, ist der Paß. Der Paß ist eine Übereilung im Schritt, wobei das Pferd zwei Füße derselben Seite gleichzeitig aufhebt und niedersetzt, so daß nur ein Zweitakt statt eines Viertaktes entsteht. Dieser fehlerhafte Gang tritt dann ein, wenn der Reiter sein Pferd zu stark beizäumt und durch zu kurze Zügel die Bewegungen der Vorderbeine nicht genügend herausläßt oder wenn der Reiter im Schritt zu stark, und auch noch mit unruhig klopfendem Schenkel, treibt. Reiten im langen Schritt mit hingegebenem Zügel oder im freien Schritt am langen Zügel, wobei der Reiter bei ruhigem Sitz auf eine langsamere Fußfolge einwirkt, läßt den Fehler des Paßganges nicht aufkommen.

Bei der Gangart Trab kommen folgende Fehler vor:

- Der fliegende Paß, wobei das Pferd mit den Vorderfüßen galoppiert und mit den Hinterfüßen trabt. Dieser Fehler entsteht aus Übereilung im Trab und kommt dann vor, wenn das Pferd nicht am Zügel steht, und besonders, wenn der Reiter in der Gangart Galopp die Schenkelhilfen nicht nachdrücklich genug anwendet.
- Der übereilte Trab, der daran zu erkennen ist, daß das gleichmäßige Aufsetzen der diagonalen Beinpaare verlorengeht und die Pferde die Vorderfüße früher oder später als die Hinterfüße aufsetzen. Ruhiges Tempo, richtiges An-die-Zügel-Stellen, verbunden mit treibenden Einwirkungen, sind die Mittel, diesen Gangfehler zu beseitigen.
- Im starken Trab treten ferner noch folgende Fehler auf: Eilende statt raumgreifende Tritte; breites Auseinandertreten der Hinterbeine, wobei die Hinterfüße seitlich der Spur der Vorderfüße auffußen; Klappen in die Vordereisen. Alle diese Fehler sind ein Beweis, daß das Tempo für das Pferd zu stark genommen wird und daß es nicht genügend ins Gleichgewicht gerichtet ist, sondern noch zu sehr auf der Vorhand liegt. Die Korrektur besteht daher folgerichtig im Verkürzen des Tempos und im vermehrten Beugen der Hinterhand.

Die häufigsten Fehler während des Galopps sind:

1. Galoppieren auf zwei Hufschlägen in Traversstellung;
2. Festlegen auf die Hand des Reiters;
3. Galoppieren auf der Vorhand mit gespanntem Rücken und hoher Hinterhand;
4. Galoppieren mit hoher Nase, mit durchgedrücktem Rücken und schleppender Hinterhand;

5. Stürmen im Galopp auf gerader Linie;
6. Umspringen im Galopp oder Ausfallen in den Trab.

Zu 1. Pferde, die traversartig galoppieren, müssen durch Einrichten der Vorhand auf die Hinterhand und durch vermehrte Tätigkeit beider Schenkel, wobei der äußere Schenkel mehr am als hinterm Gurt zur Wirkung kommen muß, geradegerichtet und in ein freieres Tempo gebracht werden.

Zu 2. Legt sich ein Pferd im Galopp stark auf die Hand, so muß ihm zuerst diese Stütze genommen und es dann durch mehrere halbe Paraden, denen ein völliges Nachgeben der Hände folgt, vom Zügel losgelöst und zu höherem Tragen von Kopf und Hals veranlaßt werden; auch müssen die Hinterfüße allmählich zu vermehrter Aufnahme der Last herangeholt werden.

Zu 3. Pferde, die mit gespanntem Rücken und hoher Hinterhand auf der Vorhand galoppieren, sind durch treibende Einwirkungen in ein freieres Gangmaß zu bringen. Hierbei muß sich der Reiter tief in den Sattel einsetzen und durch versammelnde Gewichtshilfen den Rücken des Pferdes allmählich entspannen und das Pferd Fühlung am langen Zügel aufnehmen lassen.

Zu 4. Pferde, die zu hoch aufgerichtet sind und mit durchgebogenem Rükken und schleppender Hinterhand galoppieren (laufen statt springen), müssen tiefer gestellt und durch anregende klopfende Schenkelhilfen in ein lebhafteres Tempo und zu vermehrter Rückentätigkeit gebracht werden. Durch Annehmen des Entlastungssitzes ist dem Pferde zunächst das erforderliche Aufwölben des Rückens zu erleichtern. Dann ist es durch Schenkelhilfen an den durchhaltenden Zügel heranzutreiben, bis es diesen annimmt.

Zu 5. Dem Stürmen auf gerader Linie ist durch Galoppieren auf dem Zirkel zu begegnen. Durch verengende äußere Hilfen ist der Zirkel allmählich zu verkleinern. Bei heftigen Pferden ist ruhiger Sitz wichtig, eventuell sind im leichten Entlastungssitz Kopf und Hals etwas tiefer zu stellen.

Zu 6. Pferde, die sich noch nicht im Galopp halten können und daher während des Galoppierens den Galopp wechseln (umspringen) oder in den Trab übergehen (ausfallen), sind durch nachdrücklichere Hilfen, insbesondere durch gut anliegende und jederzeit einsatzbereite Schenkel ins Gleichgewicht zu bringen.

Das Umspringen ist zu verhindern durch verstärkte und vorherrschend wirkende äußere Hilfen, wobei unter Umständen mit dem äußeren Zügel eine geringe Außenstellung gegeben und durch vermehrtes Verlegen des

Gewichts auf den auswendigen Gesäßknochen der äußere Hinterfuß noch mehr belastet werden kann. Dieser wird dadurch am vermehrten Vortreten gehindert, was dem Umspringen entgegenwirkt. Das Ausfallen in den Trab ist durch immer neu einsetzende Galopphilfen und durch Festigen des Galopps zu verhindern.
Erst wenn das Pferd sich auf beiden Händen längere Zeit im Galopp halten kann, darf zum verkürzten Arbeitsgalopp oder zum versammelten Galopp übergegangen werden.

Paraden

Bei dem Kapitel Gangarten wurde schon wiederholt der Ausdruck Parade und parieren gebraucht. Unter einer Parade versteht man im allgemeinen jede verhaltende Einwirkung, durch die die Gangart verkürzt oder das Tempo gemäßigt wird. Jede Parade setzt sich zusammen aus der versammelnden Gewichtshilfe und aus der durchhaltenden Zügelhilfe, während die sich am Gurt fester ansaugenden Schenkel dafür zu sorgen haben, daß das Pferd vor der Parade an den Zügel gestellt wird und daß die Hinterhand an der Parade teilnimmt, wobei die Hinterbeine gut untertreten und die Last vermehrt aufnehmen müssen.
Eine einwandfreie Parade ist also das Ergebnis des guten Zusammenwirkens von vortreibenden und verhaltenden Einwirkungen des Reiters. Je verständnisvoller diese Einwirkungen gegeben werden, desto besser fallen die Paraden aus; je gefühlvoller der Reiter sich verhält, desto weicher sind die Paraden.
Man unterscheidet halbe und ganze Paraden. *Halbe Paraden* werden angewendet, um die Gangart zu verkürzen oder das Gangmaß (Tempo) zu mäßigen, um Takt, Versammlung und Haltung des Pferdes während des Ganges zu verbessern oder wiederzugewinnen, um das Pferd, ohne das Tempo zu ändern, für einen Augenblick zu verhalten und seine Aufmerksamkeit vermehrt auf den Reiter zu lenken sowie um zu starker Anlehnung und eiligem Gang entgegenzuwirken.

Zu halben Paraden nimmt der Reiter, nachdem er durch eine versammelnde Gewichtshilfe das Pferd auf die kommende Parade vorbereitet hat, die Zügel an, während er gleichzeitig mit den das Pferd umfassenden Schenkeln dafür sorgt, daß das Pferd an die Zügel herantritt, daß die Hinterhand an der Parade teilnimmt und kein Stocken im Gang und kein Auseinanderfallen des Pferdes eintritt.
Bei durchgearbeiteten und gefühlvollen Pferden wird in den meisten Fällen schon die versammelnde Gewichtshilfe im Verein mit der durchhaltenden Zügelhilfe zum Erfolg führen.
Die halben Paraden, deren Stärke und Dauer sich ganz nach der Individualität des Pferdes richten, sind ein glänzendes Erziehungsmittel für das Gefühl des Reiters und für seine Einwirkungen auf das Pferd.
Bei der *ganzen Parade* wird das Pferd aus der Bewegung zum Stillstehen gebracht. Die vorstehend beschriebenen verhaltenden Hilfen werden in etwas verstärkter Weise angewendet und die annehmenden Zügelhilfen erforderlichenfalls so lange wiederholt, bis das Pferd steht. Die Beendigung einer Parade erfolgt durch eine nachgebende Zügelhilfe. Bei Ausführung einer ganzen Parade ist darauf zu sehen, daß das Pferd nach der Parade absolut ruhig und einige Sekunden lang unbeweglich steht. Das Verhalten des Pferdes bei und nach der ganzen Parade ist ein Prüfstein, ob es sich im Gleichgewicht befindet und ob es richtig am Zügel steht.
Fehlerhaft ist es, wenn das Pferd bei der Parade mit hohem Rücken nach unten bohrt; Höherstellen der Hände bei der Parade ist dann angebracht. Da beim Reiten auf Kandare hierdurch eine stärkere Einwirkung mit der Kandare, also statt einer Verminderung eine Verstärkung des Fehlers eintreten kann, müssen zunächst die Trensenzügel vermehrt angenommen werden.
Ein weiterer Fehler ist, wenn das Pferd während der Parade mit dem Kopf nach oben schlägt und sich dadurch dem richtigen Am-Zügel-Stehen entzieht. Bei diesem Fehler dürfen die Paraden nicht zu kurz ausgeführt werden, sondern der Reiter muß die Bewegung um so mehr auslaufen lassen, je stärker Gangart und Tempo waren und je weniger durchlässig das Pferd ist. Auch sind in diesem Falle die versammelnden Gewichtshilfen besonders vorsichtig zu geben.
Der Neigung der Pferde, nach der ganzen Parade zurückzukriechen oder die Hinterfüße zurückzusetzen, muß durch gut anliegende Schenkel, gespanntes Kreuz und nachgebenden Zügel begegnet werden.

Jedes eigenmächtige Verhalten vor der Parade muß der Reiter mit kräftig vortreibenden, die Hinterhand unterschiebenden Hilfen verhindern.
Die halbe Parade wird zu folgenden Zwecken angewandt:

- Verkürzen des Gangmaßes (Tempos): durch versammelnde Gewichtshilfe und beiderseitige durchhaltende Zügelhilfen.
- Verkürzen der Gangart, d. h. Übergang von einer höheren in eine niedrigere Gangart: Neben der versammelnden Gewichtshilfe ist ein Annehmen beider Zügel erforderlich, wenn die durchhaltende Zügelhilfe nicht ausreicht.
- Verbesserung der Haltung und der Versammlung des Pferdes: Neben der versammelnden Gewichtshilfe sind der einseitig tiefer wirkende und daher stellende innere Zügel und der einseitig aufrichtend wirkende äußere Zügel erforderlich.
- Aufrichten des Pferdes bei zu tief getragenem Kopf und zu stark herangenommener Nase: Im Verein mit versammelnder Gewichtshilfe und energisch vortreibenden Schenkelhilfen erfolgt ein kurzes, mehr aufwärts gerichtetes, fast zuckend wirkendes Annehmen beider Zügel, dem dann eine längere Zeit andauernde nachgebende Zügelhilfe folgt, damit das Pferd sein Gleichgewicht selbst finden und halten kann.
- Korrektur eilender Pferde: Im allgemeinen beruhigt sich das eilende Pferd am besten bei passiv bleibender Hand und ruhig anliegendem Schenkel des Reiters. Führt dies nicht zum Erfolg, so gibt der Reiter weiche, mehr nach oben gerichtete halbe Paraden, denen dann bei wieder tiefgestellter Hand ein ruhiges Heranstellen an den weich anstehenden Zügel folgen muß.

  Da das Eilen der Pferde in vielen Fällen auf eine schmerzhafte Einwirkung des Reiters auf den Rücken oder mit den Schenkeln (Sporen) oder auch mit den Zügeln (harte Hand, schlechte Lage des Gebisses, Verletzungen im Pferdemaul oder in der Kinnkettengrube usw.) zurückzuführen ist, muß der verständige Reiter bzw. der Reitlehrer zunächst die Ursache feststellen und diese dann, soweit möglich, beseitigen.

  Von besonderer Wichtigkeit ist bei eilenden Pferden der Sitz des Reiters. Ob die Anwendung der durchhaltenden Gewichtshilfen, das Einnehmen des Entlastungssitzes, die Anwendung oder Unterlassung vortreibender Schenkelhilfen, die durchhaltenden Zügelhilfen oder ein vorsichtiges An-die-Zügel-Stellen notwendig ist, richtet sich nach den Eigenschaften und der Rittigkeit der Pferde und bedarf des vollen Nachdenkens des Reiters.

- Um das Pferd nur für den Augenblick zu verhalten oder um seine Aufmerksamkeit vermehrt auf den Reiter zu lenken, wird die versammelnde Gewichtshilfe mit einem kurzen festeren Schließen der Hände verbunden. Diese halbe Parade wendet man an den vier Paradepunkten des Zirkels, vor jeder Wendung und vor jeder Ecke sowie als Einleitung jeder Übung auf zwei Hufschlägen an.

  Für die Ausführung ganzer oder halber Paraden muß der Grundsatz gelten, daß jede aktive Handeinwirkung, also jedes Annehmen der Zügel, ohne jede Kraft und ohne Anwendung von Gewalt erfolgen und jedes Annehmen der Zügel auch zeitlich auf das kürzeste Maß beschränkt werden muß. Erforderlichenfalls muß das Annehmen der Zügel so lange wiederholt werden, bis der beabsichtigte Zweck erreicht ist.

  Ebenso darf die versammelnde Gewichtshilfe niemals zu einem gewaltsamen, ruckartigen Zurückwerfen des Oberkörpers ausarten.

Wendungen im Gang

Als Wendung im Gang wird jedes Abweichen von der bisher innegehabten Richtungslinie bezeichnet.

In der Reitbahn werden nur folgende Wendungen im Gang geritten:

- Eckenausreiten
- Wechseln durch die Bahn (ganze und halbe)
- Reiten auf dem Zirkel (Wechseln aus dem und durch den Zirkel)
- Wendungen vom Hufschlag ab oder nach dem Hufschlag zu
- Schlangenlinien (an der Wand oder durch die Bahn)
- Volten, Kehrtwendungen und die Acht.

Bei allen Wendungen im Gang soll das Pferd geradegerichtet gehen, d. h. die Hinterhand soll der Vorhand genau folgen. Kopf und Hals des Pferdes sollen nicht weiter nach innen gestellt werden, als es der Bogen der jeweiligen Wendung erfordert. Der Reiter darf also dem Pferd nur eine dem Bogen der Wendung genau entsprechende Längsbiegung geben, die aber *gleichmäßig* durch das ganze Pferd hindurchgehen muß. Der innere Hinterfuß soll stets in Richtung auf die Bewegungslinie des Schwerpunkts, also unter das Pferd untertreten und dabei die Körperlast vermehrt stützen. Durch Ausweichen mit dem inneren Hinterfuß nach innen suchen sich die Pferde dieser Beanspruchung zu entziehen. Ebenso ist darauf zu achten, daß bei jeder Wendung im Gang der äußere Hinterfuß genau in Richtung auf den äußeren Vorderfuß vortritt und nicht nach außen ausfällt. Die engste Wendung im Gange, die geritten werden kann, ist der Kreisbogen einer Volte.

Vor jeder Wendung: Versammeln, Stellen und den Schwerpunkt des Oberkörpers nach der Seite der Wendung verlegen. Zur Wendung stellt der *innere Zügel* das Pferd ein und führt es durch eine leicht annehmende Hilfe in die Wendung. Der *innere Schenkel* am Gurt gibt dem Pferd die erforderliche Rippenbiegung und regt den inneren Hinterfuß zu entschiedenem Untertreten in Richtung der Bewegungslinie des Schwerpunkts an. Der *äußere Schenkel*, hinter dem Gurt liegend, veranlaßt den äußeren Hinterfuß zu entschiedenem Vortreten in Richtung des äußeren Vorderfußes, bei engen Wendungen mit einem Durchmesser von 6 Schritt in Richtung zwischen die Vorderfüße, und verhindert ein Ausfallen der Hinterhand nach außen. Der *äußere Zügel* erlaubt durch ein momentanes Nachgeben das Eingehen in die Wendung, sodann regelt er die seitliche Biegung und Stellung des Halses und bestimmt das Maß (Größe) der Wendung. Er hat ferner die auswendige Schulter zu verwahren, die Haltung des Pferdes zu verbessern und im Verein mit dem auswendigen Schenkel das Ausfallen der Hinterhand zu verhindern.

Sitz beim Reiten von Wendungen im Gang

Richtiger Sitz und richtige Gewichtsverteilung sind beim Reiten von Wendungen im Gange von größter Wichtigkeit. Der Reiter muß die innere Hüfte bei tiefem Knie etwas vornehmen und die äußere Schulter so weit mit in die Bewegung nach vorn mitnehmen, daß seine Schulterlinie immer gleichlaufend mit der des Pferdes bleibt. Um der Forderung, daß das Pferd bei jeder Wendung geradegerichtet geht, zu genügen, muß der Reiter besonders bei Rechtswendungen den inneren Hinterfuß gut heranhalten und die Vorhand auf die Hinterhand einrichten, während er bei Linkswen-

dungen vornehmlich den rechten Hinterfuß verwahren, den Hals an der Schulter feststellen und auf richtige Genick- und Rippenbiegung achten muß. Nach der Wendung muß das Pferd wieder geradeausgestellt und mit dem äußeren Zügel geradeaus geführt werden.
Je enger die Wendung und je stärker die Gangart ist, desto mehr Versammlung ist erforderlich, soll die Wendung in richtiger Größe geritten werden. Der Reiter muß dann in der Weise beherrschend auf die Hinterhand des Pferdes einwirken, daß er durch kurze, leicht klopfende Hilfen den inneren Hinterfuß zum Untertreten unter die Schwerpunktslinie und dadurch zum richtigen Stützen, den äußeren Hinterfuß aber durch drückende, schiebende Einwirkungen zum Vorschreiten in Richtung Vorderfüße anhält. Bei weiten Wendungen, wie z. B. beim Reiten auf dem Zirkel, soll der äußere Hinterfuß in Richtung gegen den äußeren Vorderfuß, bei engen Wendungen, wie z. B. beim Reiten einer Volte mit 6 Schritt Durchmesser, in Richtung zwischen die Vorderfüße vortreten. Nur so kann das Ausfallen des äußeren Hinterfußes verhindert und die Wendung enger und schneller ausgeführt werden.
Die wichtigsten Übungen, die mit jungen Reitern wie auch bei der Ausbildung junger Pferde bei den Wendungen im Gange ausgeführt werden, sind das Eckenausreiten und das Reiten auf dem Zirkel.

Eckenausreiten

Schon von der ersten Reitstunde an ist auf das Ausreiten der Ecken ganz besonderer Wert zu legen. Wird dies versäumt, so gewöhnen sich die Reiter an, das richtige Eckenausreiten zu vernachlässigen, während die Pferde daran gewöhnt werden, die Ecken möglichst stark abzurunden und im Tempo kürzer zu werden, also zu schlampen.
Beim Reiten mit geknoteten und losgelassenen Zügeln sollen die Reiter vor jeder Ecke mit der äußeren Hand (sie gewöhnen sich dadurch das Vornehmen der äußeren Schulter an) vor den Zügelknoten greifen. Indem sie den äußeren Zügel in leichte Anlehnung bringen, schieben sie das Pferd mit dem inneren Zügel, unterstützt durch den verstärkt anliegenden inneren Schenkel, in die Ecke hinein.
Die Reiter bekommen auf diese Weise auch schon einen Begriff von den

erweiternden inneren Hilfen, die sich ja bei allen Einwirkungen des Reiters bemerkbar machen. Beim Eckenausreiten sind zwei verschiedene Arten zu unterscheiden, die deutlich voneinander zu trennen sind:

- das Ausreiten der Ecken
- das Durchreiten der Ecken.

Beim *Ausreiten der Ecken* wird die Ecke je nach Gangart und Gangmaß und entsprechend der Durchbildung des Pferdes mehr oder weniger abgerundet, es braucht also nicht die beim Durchreiten der Ecken nötige Versammlung gefordert zu werden. Bevor der Reiter an die Ecke kommt, stellt er durch versammelnde Gewichtshilfen sein Pferd erneut an die Zügel, dann gibt er durch einseitiges Annehmen des inneren Zügels (Eindrehen der mittleren Handknöchel) dem Pferd die Stellung, wobei der innere Schenkel durch vortreibende Einwirkung den inneren Hinterfuß zum Untertreten unter die Schwerpunktslinie veranlaßt. In dem Augenblick, in dem der Reiter das Eingehen in die Wendung gestattet, gibt er den äußeren

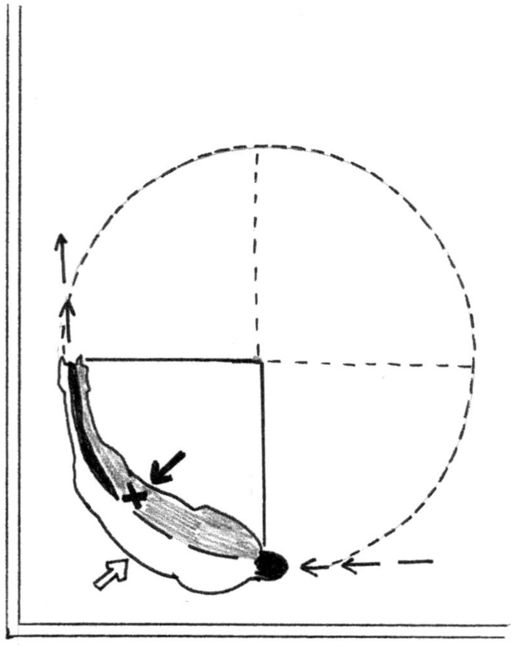

Abb. 57. Durchreiten der Ecke mit einer Viertelvolte.

Zügel etwas nach, während der äußere Schenkel verwahrend, und zwar verwahrend in doppelter Hinsicht, zu wirken hat. Er hat einmal das Ausfallen der Hinterhand nach außen (ermöglicht durch den annehmenden inneren und durch den nachgebenden äußeren Zügel) zu verhindern, zum anderen aber auch durch vortreibendes Wirken den äußeren Hinterfuß, der einen größeren Bogen als der innere zu machen hat, zum aktiven Vortritt zu veranlassen.

Sobald das Pferd in die Wendung eingeht, hat der äußere Zügel nur einseitig verwahrend zu wirken; er verhindert hierdurch ein Ausfallen der äußeren Schulter, ein zu starkes Biegen des Halses und Kopfes in den Ganaschen und eine zu starke Ausführung der Wendung.

Je weiter die Reiter in der Einwirkung auf ihre Pferde fortschreiten und je mehr Verständnis sie für das Zusammenwirken der Hilfen bekommen, desto sauberer müssen die Ecken ausgeritten werden, bis schließlich beim *Durchreiten der Ecken* genau die Größe einer Viertelvolte erreicht ist. Dieses ganz korrekte Durchreiten der Ecken ist natürlich nur in Versammlung und im verkürzten Arbeitstempo (Trab und Galopp) beziehungsweise im versammelten Tempo möglich. In allen versammelten Tempi ist es aber dann auch bestimmt zu fordern.

Vor dem Herankommen an die Ecken wird das Pferd durch eine weiche versammelnde Parade des äußeren Zügels für einen Augenblick verhalten, um es zu erhöhter Aufmerksamkeit und zu einer Verbesserung der Versammlung zu veranlassen. Dann wird das Pferd gestellt (innerer Zügel durch Eindrehen der inneren Hand verkürzt, äußerer Zügel hält verwahrend gegen), der innere Schenkel schiebt den inneren Hinterfuß unter die Schwerpunktslinie, während der äußere Schenkel den äußeren Hinterfuß mehr an den inneren heranschiebt. Bei diesen Einwirkungen geht durch den ganzen Körper des Pferdes eine leichte Biegung (Ganaschen-, Rippen- und Lendenbiegung) hindurch, die während des Durchreitens der Ecke beibehalten werden muß. Durch entsprechende Gewichtsverlegung und leichtes Vornehmen der äußeren Schulter wird das Pferd zum Eingehen in die Wendung, also zum Durchreiten der Ecke veranlaßt. Während der Wendung behalten der äußere Zügel und der äußere Schenkel ihre verwahrende Aufgabe bei. Außerdem hat der Reiter sein Pferd durch erweiternde innere Hilfen auf dem Hufschlag zu halten und dadurch für das genaue Reiten dieser Hufschlagfigur zu sorgen.

Bei einem Pferd, das dem Durchreiten der Ecken widerstrebt, muß der Reiter die Übung im versammelten Schritt vornehmen. Besondere Fehler sind das plötzliche Einfallen in die Wendung (zu starkes Annehmen des inneren und Nachgeben des äußeren Zügels) und Ausfallen der äußeren Schulter. Dieser letztere Fehler zeigt sich besonders auf der rechten Hand. Um ihm zu begegnen, ist die Vorhand des Pferdes auf die Hinterhand einzurichten und dabei die äußere Schulter bei der halben Parade vor der Ecke, wie beim Wenden selbst, gut vorzurichten. Gegebenenfalls muß hierzu der Reiter die Gerte an der äußeren Schulter wirken lassen. Auf der linken Hand neigen die Pferde dazu, in der Ecke mit der Hinterhand auszufallen. Der Reiter muß dem schon bei der halben Parade vor der Ecke entgegenwirken, und zwar durch Verwahren des auswendigen Hinterfußes und passives Gegenhalten des äußeren Zügels.

Reiten auf dem Zirkel

Das Reiten auf dem Zirkel dient als Vorbereitung zu allen anderen Wendungen im Gange, zum Galopp und zu den Seitengängen. Beim Reiten auf dem Zirkel ist auf absolut richtiges Einhalten der Hufschlagfigur, auf geradegerichtete Pferde, auf richtige Fußsetzung der Pferde und auf richtiges Verhalten der Reiter an den Paradepunkten zu sehen.
Die Hufschlagfigur des Zirkels muß genau über die vier Paradepunkte (von denen in den bedeckten Reitbahnen drei bezeichnet sind) gehen. Man soll die Reiter dazu erziehen, einen Schritt vor jedem Paradepunkt anzukommen und einen Schritt nach jedem Paradepunkt wieder abzuwenden. Das Reiten von Paradepunkt zu Paradepunkt muß auf einem genau gerittenen und eingeteilten Bogen erfolgen, d. h. nach jedem Abwenden vom Paradepunkt haben führende äußere Zügelhilfen und erweiternde innere Hilfen das Pferd auf dem Kreisbogen des Zirkels zu halten. Durch stetige, mit dem inneren Schenkel gegebene anregende Hilfen wird der innere Hinterfuß zum Beugen in all seinen Gelenken und zum bestimmten Untertreten unter die Schwerpunktslinie des Pferdes gebracht und dadurch veranlaßt, dem Pferdekörper als hauptsächliche Stütze zu dienen.
Beim Reiten auf dem Zirkel soll das Pferd geradegerichtet (nicht geradeausgestellt) sein, d. h. es soll durch seinen Körper vom Genick bis zur Schweifrübe eine ganz gleichmäßige Längsbiegung hindurchgehen, die sich

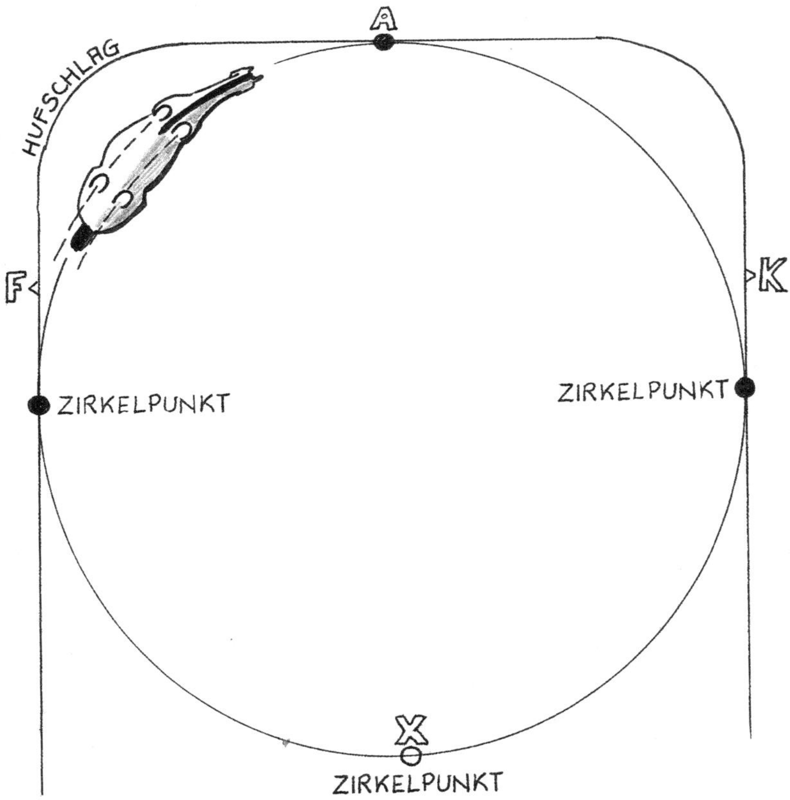

Abb. 58. Reiten auf dem Zirkel.

genau der Biegung der Zirkellinie anzupassen hat. Besonders ist darauf zu achten, daß keine stärkere Hals- und Ganaschenbiegung genommen wird, als es das Reiten auf dem Zirkel erfordert.

Die Fußsetzung beim Reiten auf dem Zirkel soll genauso wie beim Reiten auf der geraden Linie sein, d. h. jeder Hinterfuß spurt genau in Richtung auf seinen Vorderfuß.

An den Paradepunkten sind die Pferde durch eine durchhaltende Gewichtshilfe zu versammeln (stellender innerer, versammelnder äußerer Zügel) und durch einsetzende vortreibende Schenkelhilfen wieder zu energischem Vorwärtsgehen (natürlich im vorgeschriebenen Tempo) anzuregen.

Das Reiten auf dem Zirkel kann zu folgenden Übungen genutzt werden:

Verengen des Zirkels, also Verlegen des Hufschlages um ein bestimmtes Maß nach innen (gewöhnlich 3 Schritte)
Durch die Verengung des Zirkels wird dem Pferd eine stärkere Längsbiegung abverlangt, außerdem wird der innere Hinterfuß veranlaßt, sich vermehrt zu biegen. Für die Reiter ist die Übung deshalb von besonderem Wert, weil sie zu größerer Aufmerksamkeit auf richtige äußere Hilfen erzogen werden.

Reiten in Stellung und Gegenstellung
Beim Reiten in Stellung auf dem Zirkel bleibt die durch das Pferd gleichmäßig hindurchgehende Biegung der Hals-, Rücken- und Lendenwirbel unverändert. Der Kopf des Pferdes wird jedoch durch leicht verstärktes Annehmen des inneren Zügels so weit nach innen genommen, daß der Reiter das innere Auge und die innere Nüster sieht, während der äußere Schenkel den äußeren Hinterfuß näher an den inneren Hinterfuß heranschiebt, das Pferd also in den Lenden biegt. Hierdurch wird der innere Hinterfuß mehr gebeugt und zu vermehrtem Aufnehmen der Last veranlaßt, und der äußere Hinterfuß spurt nicht mehr auf den äußeren Vorderfuß, sondern zwischen die Vorderfüße.
Das Reiten in Außenstellung wird neben den veränderten Zügelhilfen durch Anlegen des bisherigen äußeren Schenkels am Gurt und namentlich durch verstärktes Anlegen des bisherigen inneren Schenkels hinterm Gurt bewirkt. Beim Reiten in dieser Außenstellung muß nun stets darauf geachtet werden, daß das Vortreten der äußeren Füße, d. h. der näher gegen den Mittelpunkt des Zirkels liegenden Füße, etwas verhalten werden muß (äußerer Zügel), weil diese jetzt einen kürzeren Weg zurückzulegen haben als die inneren Füße.
Das Reiten in Außenstellung auf dem Zirkel ist fördernd als Vorbereitung für das Reiten im Außengalopp, für das Eckenreiten in Außenstellung, für alle Wendungen in Außenstellung und für den Seitengang Renvers.

Zirkelverkleinern und -vergrößern
Beim Zirkelverkleinern wird das Pferd, nachdem es zuerst gestellt wurde, durch verengende äußere und vermehrt biegende innere Hilfen vom Hufschlag des Zirkels allmählich in einer spiralförmigen Linie gegen den Mittel-

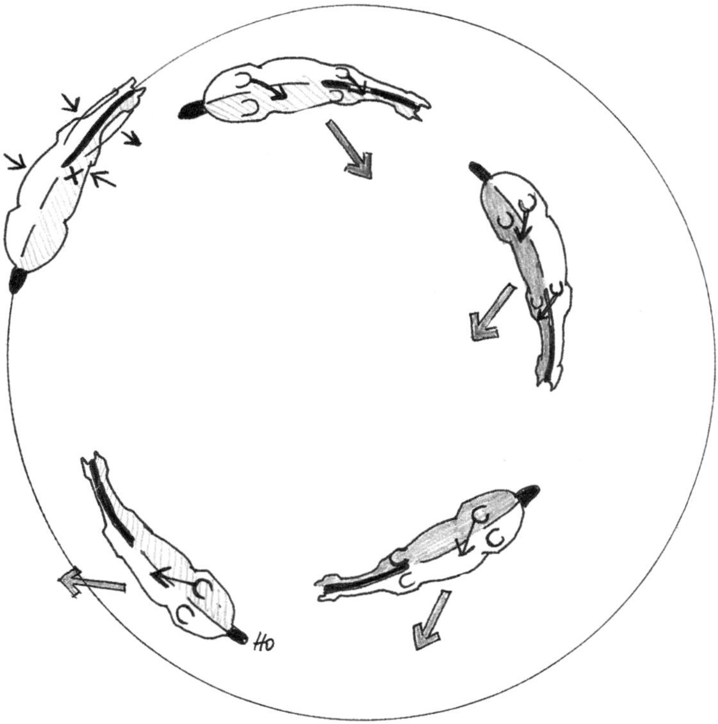

Abb. 59. Zirkel verkleinern und vergrößern.

punkt des Zirkels hereingeführt, bis es schließlich auf dem Kreisbogen einer Volte um den Mittelpunkt des Zirkels geht.

Bei diesem Hereintreten nach innen soll das Pferd traversartig gehen, d. h. durch den seitwärtstreibenden äußeren Schenkel soll der äußere Hinterfuß in Richtung gegen den inneren Vorderfuß treten, während der innere Schenkel dafür zu sorgen hat, daß das Pferd mit dem inneren Hinterfuß nicht ausweicht, sondern richtig untertretend sich in seinen Gelenken mehr beugt und mehr Last aufnimmt. Während der innere Zügel für Beibehaltung der Stellung sorgt, schiebt der äußere Zügel die Vorhand im Verein mit der Gewichtshilfe ebenfalls nach innen.

Da während dieser Bewegung die Hinterhand zunehmend belastet und die

durch das Pferd hindurchgehende Längsbiegung mehr und mehr verstärkt wird, ist darauf zu sehen, daß die Länge der Tritte (Sprünge) kürzer wird, diese aber erhabener werden und gleichmäßig im Takt bleiben.
Beim anschließenden Zirkelvergrößern wird das Pferd durch die erweiternden inneren Schenkelhilfen vermehrt an den äußeren Zügel gebracht und so allmählich wieder in einer spiralenförmigen Bewegung auf die Hufschlaglinie des Zirkels zurückgeführt. Hierbei soll das Pferd schulterhereinartig gehen, d. h. durch die seitwärtstreibende Hilfe des inneren Schenkels soll die Hinterhand des Pferdes so weit nach außen geschoben werden, daß das Pferd den inneren Hinterfuß in Richtung gegen den äußeren Vorderfuß bewegt, wobei aber auch der Vortritt des äußeren Hinterfußes nicht verlorengehen darf. Während des Zirkelvergrößerns wird die durch das Pferd hindurchgehende Längsbiegung allmählich verringert, die Tritte (Sprünge) werden wieder raumgreifender, die Hinterfüße müssen wieder kraftvoller nach vorwärts arbeiten.
Weitere Übungen sind:
Wechseln aus dem Zirkel und durch den Zirkel
Beim Wechseln aus dem und durch den Zirkel ist darauf zu sehen, daß absolut richtige Wege geritten werden und daß die korrespondierenden Kreisbögen gleich groß sind; daß beim Wechseln aus dem Zirkel genau über den Mittelpunkt der Bahn, beim Wechseln durch den Zirkel über den Mittelpunkt des Zirkels geritten wird; daß das Wechseln des Bogens genau senkrecht zur langen bzw. kurzen Seite erfolgt, und zwar etwa 1 bis 2 Schritt vor dem Wechselpunkt; daß bei den einzelnen Bögen die Pferde richtig gestellt und an den Wechselpunkten umgestellt werden.
Das Wechseln aus dem Zirkel und durch den Zirkel kann mit und ohne Wechseln der Stellung ausgeführt werden. Wird die Stellung gewechselt, so hat das Pferd dazwischen einen Moment geradeausgestellt zu sein.

Weitere Wendungen im Gang

Als Wendungen im Gange kommen, wie auf Seite 99 erwähnt, noch in Betracht:
Wechseln durch die ganze und durch die halbe Bahn; Wendungen vom Hufschlag ab und nach dem Hufschlag zu; Schlangenlinien an der langen Seite

(1 oder 2 Bogen) und durch die ganze Bahn; ferner für fortgeschrittene Reiter und beim Reiten in versammelten Gängen die Volte, die Kehrtwendung und die Acht.
Im großen und ganzen sind für diese Hufschlagfiguren alle diejenigen Hilfen zu beachten, die allgemein für das Reiten von Wendungen im Gange, für das Eckenausreiten und für das Reiten auf dem Zirkel behandelt worden sind.
Beim Wechseln durch die Bahn (ganze oder halbe Bahn) und bei den Wendungen vom Hufschlag ab oder nach dem Hufschlag zu sind die für das Ausreiten beziehungsweise Durchreiten der Ecken angegebenen Einwirkungen sinngemäß anzuwenden.
Beim *Wechseln durch die Bahn* ist mit tätigem innerem Schenkel und vorherrschendem Wirken des äußeren Zügels darauf zu achten, daß das Pferd nicht schon aus der Ecke heraus, sondern erst am Wechselpunkt in die Wendung eingeht. Auf der Wechsellinie selbst muß das Pferd geradeaus gestellt sein, die Hinterfüße müssen genau in Richtung der Vorderfüße spuren, und das Pferd muß mit schwungvollen Bewegungen im ursprünglichen Tempo vorwärtsgehen.
Bei den *Wendungen vom Hufschlag ab und nach dem Hufschlag zu* richtet sich der Bogen der Wendung nach Gangart und Gangmaß und nach dem Ausbildungsgrad des Pferdes.
Immer aber ist auf gleichmäßige Längsbiegung und auf richtiges Untertreten des inneren Hinterfußes zu achten sowie darauf, daß die Hinterhand genau der Vorhand folgt, was daran zu erkennen ist, daß der äußere Hinterfuß in Richtung des äußeren Vorderfußes bzw. bei engen Wendungen mit einem Durchmesser von 6 Schritt in Richtung zwischen die Vorderfüße vorschreitet.
Da fast alle Pferde als Folge der natürlichen Schiefe Schwierigkeiten im Untersetzen und Beugen des rechten Hinterfußes haben, ist ihnen die Rechtswendung unbequemer. Dies ist daran zu erkennen, daß das Pferd den rechten Hinterfuß nicht richtig untersetzt, sondern ihn nach rechts ausweichend seitlich der Spur des Vorderfußes aufsetzt. Der Reiter muß daher bei der Rechtswendung die Vorhand auf die Hinterhand einrichten und den inneren, rechten Hinterfuß besonders gut heranhalten. Da ferner bei fast allen Pferden die linke Seite weniger biegsam ist, wird die Linkswendung nicht mit richtiger Längsbiegung, sondern mit hohlgebogenen äußeren und vollgebogenen (aufgewölbten) inneren Rippen und daher auch mit ausfal-

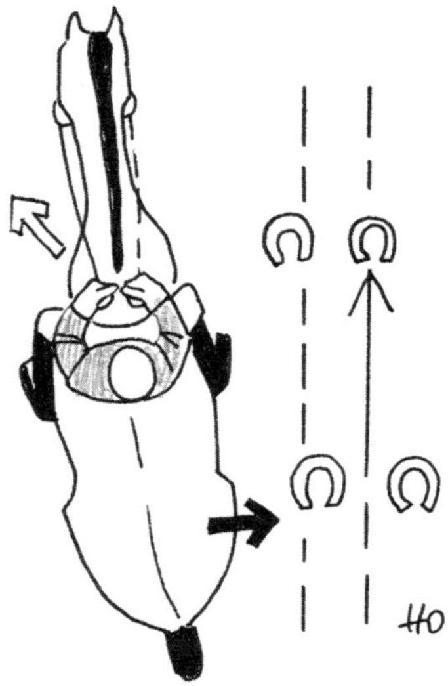

Abb. 60. Natürliche Schiefe: der rechte Hinterfuß wird nicht richtig untergesetzt, sondern seitlich der Spur des Vorderfußes aufgesetzt.

lender Hinterhand ausgeführt. Deshalb ist in der Linkswendung unter bestimmtem Verwahren des äußeren, rechten Hinterfußes vermehrt auf die Biegsamkeit und Nachgiebigkeit der linken Seite einzuwirken.

Bei den *Schlangenlinien*, die das Pferd zum Gehorsam auf die wendenden Einwirkungen des Reiters erziehen, muß der Reiter bei weichem Umsitzen und weichem Wechseln der Stellung hauptsächlich durch Gewichtshilfen und Vornehmen der jeweils äußeren Schulter den Antrieb zur Richtungsänderung geben. Der jeweilige innere Schenkel hat besonders dahin zu wirken, daß das Pferd mit dem inneren Hinterfuß gut untertritt und daß die Hinterhand genau der Vorhand auf einem Hufschlag folgt.

Abb. 61. Schlangenlinien durch die Bahn (3 Bogen).

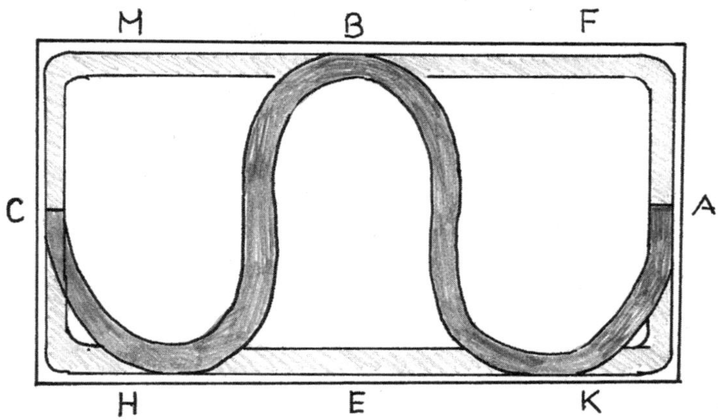

Abb. 62. Volte

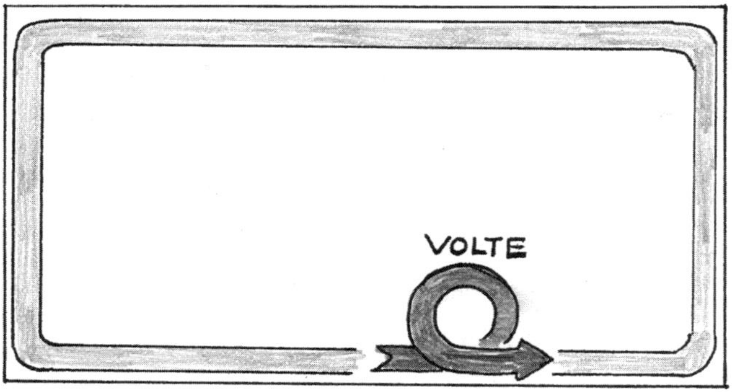

Die Volte und der erste Teil der *Kehrtwendung* werden auf einem Kreisbogen von 6 Schritt Durchmesser geritten. Dies ist die engste Wendung, die das Pferd gehen kann. Sie erfordert von ihm die stärkste Biegung, die es überhaupt annehmen kann. Da außerdem bei der schulgerechten Volte das Pferd in den Ganaschen nach innen gestellt und der äußere Hinterfuß dichter an den inneren herangeschoben werden muß, um in Richtung zwischen die Vorderbeine treten zu können, werden die Volte und die Kehrtwendung nur in versammelten Gängen geritten. Zur ersten Einübung dieser Lektionen reitet man daher zunächst die Volte auf einem größeren Kreisbogen, wobei ein Ausfallen der Hinterhand zu vermeiden ist.

Auch ist stets darauf zu achten, daß der Reiter den inneren Zügel nicht zuviel gebraucht und dadurch Veranlassung zum Ausfallen der Hinterhand und zum Eilen in der Volte gibt.

Zusammengefaßt sei nochmals darauf hingewiesen, daß jede Wendung im Gange stets mit einer halben Parade des äußeren Zügels einzuleiten ist, daß das Pferd während der Wendung richtig gestellt und auf einem Hufschlag gehen muß und daß nach der Wendung das Pferd wieder geradeausgestellt und durch die erneut einsetzenden vorwärtstreibenden Schenkelhilfen am Gurt in schwungvolle Vorwärtsbewegung gebracht wird. Beim Wechseln durch die Bahn und bei allen Wendungen vom Hufschlag ab und nach dem Hufschlag zu, müssen vortreibender innerer Schenkel und verwahrender äußerer Zügel ein zu frühes Abwenden des Pferdes verhindern. Während der Wendungen muß der äußere Schenkel nicht nur das Ausfallen der Hinterhand verhindern, sondern auch durch vortreibende Hilfen den äußeren Hinterfuß zu gleichmäßigem und taktgemäßem Vorwärtstreten anregen.

Übungen für den Gebrauch der seitwärts-treibenden Schenkelhilfen (lösende Übungen)

Um jungen Reitern die Einwirkungen der seitwärtstreibenden Schenkelhilfen verständlich zu machen, um sie die Anwendung dieser Hilfen zu lehren und um junge Pferde zum Gehorsam auf diese Hilfen zu erziehen, wendet man folgende Übungen an:
- die Wendung auf der Vorhand,
- das Schenkelweichen.

Beide Übungen müssen mit leicht und weich anstehenden und führenden Zügeln geritten werden, das Schenkelweichen nur auf kurzen Strecken.
Bei beiden Übungen darf im Sitz des Reiters, namentlich in der Oberkörperhaltung und Schenkellage, nicht die geringste Veränderung geduldet werden: Einknicken in der Hüfte, auffallendes Vor- und Zurücklegen, zu weites Zurücknehmen des inneren, seitwärtstreibenden Schenkels, Hochziehen der Absätze sind sofort zu beanstanden.
Da mit diesen Übungen die jungen Reiter erzogen werden sollen, die seitwärtstreibenden Schenkelhilfen anzuwenden, müssen die Pferde diese Hilfen auch annehmen; sonst haben diese Übungen nicht den geringsten Wert und verderben mehr, als sie nützen. Die Aufgabe, die Pferde im Gehorsam auf diese Hilfen zu erhalten, fällt den Reitlehrern zu.
Was die Einwirkungen mit den Zügeln bei diesen Übungen anbelangt, so ist darauf zu sehen, daß der innere Zügel, der etwas zu verkürzen ist, nur so viel ansteht, daß das Pferd eine ganz leichte Kopfstellung nach innen erhält. Dabei darf aber keinesfalls der Hals nach innen gezogen werden.
Nur wenn das Pferd die seitwärtstreibende Schenkelhilfe nicht oder nicht genügend annimmt, darf die innere Hand – mehr seitwärts genommen – durch einen gegen den inneren Hinterfuß des Pferdes gerichteten Anzug die Wirkung des inneren Schenkels verstärken, um dadurch das Pferd zu zwingen, die seitwärtstreibende Schenkelhilfe anzunehmen. Sobald dies erreicht ist, hat die Hand wieder auf ihren Platz zurückzukehren. Das Pferd ist im Hals wieder mehr gerade zu richten.
Da bei richtiger Ausführung beider Übungen die inneren Hinterfüße über und vor die äußeren Hinterfüße, beim Schenkelweichen außerdem auch noch die inneren Vorderfüße über und vor die äußeren Vorderfüße treten

sollen, ist Vorsicht auf Beinschäden geboten. Die Übungen müssen also mit ruhiger Fußfolge vor sich gehen, das Tempo der Fußsetzung darf nicht übereilt werden.

Wendung auf der Vorhand

Die Wendung auf der Vorhand, bei der der Drehpunkt unter dem inneren Vorderfuß liegt, ist keine schulgerechte Übung, weil zu ihrer Durchführung die Hinterhand entlastet und das Pferd auf die Vorhand gebracht werden muß. Sie ist aber ein wirksames Mittel zur Überwindung des Widerstandes gegen den wendenden beziehungsweise biegenden inneren Zügel sowie zur Verstärkung des Gehorsams auf den seitwärtstreibenden Schenkel. Die Wendung auf der Vorhand kann nicht richtig ausgeführt werden, wenn das Pferd an der Wand auf dem Hufschlag steht und bei der Wendung für Kopf und Hals keinen Platz hat. Am besten läßt man die Pferde schon vor der Parade zum Halten auf den zweiten (inneren) Hufschlag gehen. Zur Wendung wird das Pferd zunächst an den Zügel und dann mit dem Kopf leicht nach innen, d. h. nach der Seite des seitwärtstreibenden Schenkels, gestellt. Dieser Schenkel, etwas hinter dem Gurt liegend, drückt die Hinterhand Tritt für Tritt um die Vorhand herum. Der verwahrende auswendige Schenkel fängt jeden zweiten Tritt der Hinterhand be-

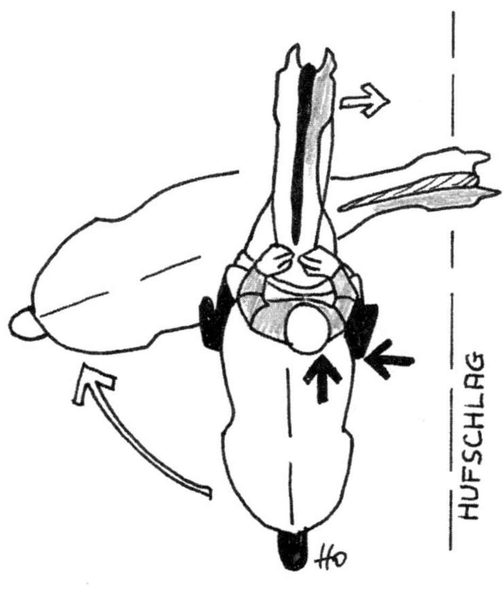

Abb. 63. Wendung auf der Vorhand; kein Einknicken in der Hüfte.

stimmt auf, so daß eine kleine Pause entsteht, und verhindert ein Wegeilen vor der inneren Schenkelhilfe. Beide Schenkel, unterstützt durch Kreuz und Gesäß, sorgen dafür, daß das Pferd dauernd am Zügel bleibt und nicht zurücktritt.
Bei Pferden, die die Hilfe des inneren Schenkels nicht genügend annehmen oder die sich gegen den Schenkel werfen, kann der innere Zügel durch seitliches Abrücken und stärkeres Annehmen unterstützend mitwirken.

Fehler bei der Wendung auf der Vorhand

- Zurücktreten
- Vortreten
- Herumeilen
- Ausfallen der auswendigen Schulter

Beim Zurücktreten, das der geringere Fehler ist, müssen Schenkel und Kreuz dafür sorgen, daß das Pferd am Zügel bleibt. Das Vortreten, das der größere Fehler ist, weil das Pferd den anstehenden Zügel nicht mehr richtig annimmt und ihn durchbricht, muß durch Gegenhalten mit dem äußeren Zügel verhindert werden. Um diesem Fehler schon von Anfang an vorzubeugen und dem Pferd zu ermöglichen, den inneren Hinterfuß vor und über den äußeren zu setzen, muß dafür gesorgt werden, daß das Pferd vor Beginn der Wendung den äußeren Hinterfuß etwas zurücksetzt. Aus dem gleichen Grunde darf auch während der Wendung der äußere Hinterfuß nicht vor, sondern nur seitwärts treten, weil sonst das Pferd den inneren Hinterfuß nur nachzieht, aber nicht mit diesem vor- und übertritt. Deshalb darf zur Wendung auf der Vorhand das Pferd auch nicht versammelt werden.
Das Herumeilen der Hinterhand hat der gegenhaltende äußere Schenkel zu verhindern; auch ist die Pause, die nach jedem 2. Tritt entstehen soll, etwas länger zu halten.
Das Ausfallen der äußeren Schulter, das meist, besonders bei zu stark anstehendem innerem Zügel, mit dem Vortreten verbunden ist, hat der stärker anstehende und tiefer gehaltene äußere Zügel zu verhindern.
Wendungen auf der Vorhand können mit Vorteil zur Korrektur von Pferden sowie als Strafen angewendet werden. Bei Pferden, die ungehorsam gegen den wendenden Zügel sind oder sich gegen ihn wehren, hat der Reiter in der durch den Hals gegen den übrigen Pferdekörper gerichteten

Hebelwirkung ein natürliches, sicher und schnell wirkendes Mittel. Bei Pferden, die sich durch Hinausstemmen der Hinterbeine gegen die Übung Rückwärtsrichten wehren, sind zunächst die Hilfen zu einer Wendung auf der Vorhand zu geben. Sobald einer der Hinterfüße unter den Leib untertritt, folgen die Hilfen zum Rückwärtsrichten. Auch beim Ausbrechen eines Pferdes vor einem Hindernis wendet man, nachdem das Pferd zuerst zum Halten gebracht und an den Zügel gestellt ist, mit einer Wendung auf der Vorhand das Pferd gegen das Hindernis zu und reitet dann in einem Bogen erneut an. Bei Pferden, die die Neigung haben, vor dem Hindernis auszubrechen, versichert man sich des sperrenden inneren Hinterfußes durch energische Schenkel- und Sporenhilfen.

Schenkelweichen

Beim Schenkelweichen bewegt sich das Pferd mit ganz geringer Abstellung auf zwei Hufschlägen, die bis zu einem Schritt voneinander entfernt sind. Die inneren Füße treten beim Schenkelweichen gleichmäßig über und vor die äußeren. Das Schenkelweichen wird an der Wand oder auf dem Zirkel im Schritt oder im verkürzten Arbeitstrab und jeweils nur auf kurzen Strecken geübt. Es lehrt den Reiter den Gebrauch der einseitigen Schenkel- und Zügelhilfen im Gange, beim Pferd werden Verständnis und Gehorsam geweckt für die Hilfen bei Seitengängen.
Das Schenkelweichen ist zwar keine die Tätigkeit der Hinterhand fördernde Übung; es ist aber ein wirksames Mittel, um den Gehorsam auf die inneren Hilfen zu verstärken.

Abb. 64. Schenkelweichen

Beim Schenkelweichen wird stets eine geringe Abstellung nach der Seite des seitwärtstreibenden Schenkels genommen, der dadurch immer zum inneren Schenkel wird. Jede stärkere Halsbiegung ist zu vermeiden, da sie ein Ausfallen der äußeren Schulter zur Folge hat. Der innere Schenkel, dicht hinterm Gurt liegend, drückt die Hinterhand Tritt für Tritt seitwärts. Der Reiter muß hierbei fühlen, wann das Pferd den inneren Hinterfuß vom Boden abhebt, um auf ihn dann jedesmal durch erneutes Einsetzen der seitwärtstreibenden Schenkelhilfe einzuwirken. Der innere Zügel sorgt für richtige Kopfstellung und unterstützt (wie bei der Wendung auf der Vorhand) den inneren Schenkel, der nicht nur die Hinterhand abzustellen, sondern auch das Pferd an den äußeren Zügel zu treiben hat. Der äußere Zügel führt die Vorhand und verwahrt die äußere Schulter. Der äußere Schenkel sorgt für die richtige Abstellung der Hinterhand (höchstens einen Schritt vom Hufschlag der Vorhand entfernt) und verhindert ein Fliehen vor dem inneren Schenkel. Die äußeren Hilfen müssen beim Schenkelweichen verwahrend mitwirken. Bezüglich der Gewichtshilfen ist zu beachten, daß, obwohl die innere Hüfte entsprechend der Stellung des Pferdes etwas tiefer steht, der Schwerpunkt des Oberkörpers nicht nach innen, sondern in Richtung der Bewegung des Pferdes, also nach vorwärts-seitwärts verlegt werden muß, da der Reiter sonst der Bewegung des Pferdes entgegenarbeitet. Ein Verlegen des Schwerpunkts nach innen würde außerdem ein Einknikken der inneren Hüfte und ein zu starkes Abstellen der Hinterhand zur Folge haben. Vorübergehend kann man aber, um den Druck des inneren Schenkels zu verstärken, den Schwerpunkt des Oberkörpers nach innen verlegen.

Schenkelweichen auf den der Wand zugekehrten Schenkel

Während der Reiter die zweite Ecke der kurzen Seite durchreitet, mäßigt er durch eine halbe Parade das Tempo. Sobald der Kopf des Pferdes an die lange Seite kommt, stellt der Reiter das Pferd nach außen um. Der bisherige äußere Schenkel wird zum inneren. Dieser neue innere Schenkel, dicht hinter dem Gurt angelegt, läßt die Hinterhand nicht mehr an den Hufschlag der langen Seite kommen, sondern hält sie mit seitwärtstreibenden Hilfen etwa einen Schritt vom Hufschlag nach der Bahn zu ab. Das Pferd bleibt in seiner ganzen Länge fast geradegerichtet; durch Verkürzen des inneren Zügels wird der Kopf leicht gegen die Wand gestellt; durch verstärktes

Anlegen des inneren Schenkels gibt man dem Pferd eine leichte Rippenbiegung. Die inneren (näher an der Wand befindlichen) Füße treten vor und über die äußeren. Hat das Pferd einige richtige Tritte im Schenkelweichen gemacht, so beendet der Reiter die Übung, indem er zunächst sein Pferd wieder umstellt und es dann mit dem ursprünglichen inneren Schenkel in einem Bogen auf den Hufschlag zurückführt.

Schenkelweichen auf den dem Bahninneren zugekehrten Schenkel

Nach einer halben Parade wird zunächst die Vorhand des richtig gestellten Pferdes in einer voltenähnlichen Hufschlagfigur vom Hufschlag einen kleinen Schritt nach innen hineingeführt, dann wieder leicht verhalten und nunmehr durch Einsetzen der seitwärtstreibenden inneren Schenkelhilfen und der führenden äußeren Zügelhilfen auf zwei Hufschlägen längs der Bande weitergeritten. Die Hinterhand bleibt auf dem Hufschlag an der Wand. Beendet wird dieses Schenkelweichen, indem durch Anwendung der erweiternden inneren Hilfen, in Verbindung mit dem führenden äußeren Zügel, die Vorhand des Pferdes wieder auf den Hufschlag zurückgeführt, also auf die Hinterhand eingerichtet und dann mit vorwärtstreibenden Schenkelhilfen das Pferd wieder zum energischen Vorwärtstreten angehalten wird.

Schenkelweichen auf dem Zirkel

Das Schenkelweichen auf dem Zirkel wird nur auf dem der Zirkelmitte zugekehrten Schenkel geübt. Die Einwirkungen des Reiters und die Ausführung der Übung sind die gleichen wie beim Schenkelweichen auf den dem Inneren der Bahn zugekehrten Schenkel. Die größere Schwierigkeit liegt aber darin, daß die Hinterhand genau auf dem Hufschlag des Zirkels gehalten werden muß, was eine genaue Übereinstimmung aller zu gebenden Hilfen erfordert. Die Beendigung der Übung geschieht in der Weise, daß die Vorhand auf die Hinterhand eingerichtet und wieder auf die Zirkellinie gebracht wird.
Bei allen Übungen des Schenkelweichens muß der Reitlehrer darauf sehen, daß die Pferde im Hals nicht zuviel gebogen oder gar verbogen werden, daß das Tempo so mäßig ist, daß beim Übertreten der Beine keine Beschädigungen eintreten und daß sich der Sitz des Reiters, außer einer kleinen Neigung in die Bewegungsrichtung, nicht verändert.

Pferde, die anfangen, sich zu widersetzen, sind sofort geradeauszustellen und mit energischen Schenkelhilfen zum Vorwärtstreten an die Zügel anzuhalten.
Wenn auch beim Schenkelweichen die stellenden inneren Zügelhilfen und besonders die inneren Schenkelhilfen vorherrschend zur Wirkung kommen, so darf nicht vergessen werden, daß die verwahrenden äußeren Schenkel- und führenden äußeren Zügelhilfen mitzuhelfen haben und daß nur ein richtiges Zusammenwirken aller Hilfen eine richtige Ausführung der Übung Schenkelweichen gewährleistet.

Viereckverkleinern und -vergrößern

Eine besondere Art des Schenkelweichens ist die Übung Viereckverkleinern und -vergrößern. Diese Übung festigt nicht nur den Gehorsam auf den seitwärtstreibenden Schenkel und auf den dabei mehr führenden äußeren Zügel. Sie ist auch für das Pferd dann in besonderem Maße lehrreich, wenn man darauf achtet, daß die Abstellung der Hinterhand nur so weit erfolgt, daß der innere Hinterfuß in Richtung zwischen die Vorderfüße vortritt, daß der äußere Zügel die Kopfstellung auf ein ganz geringes Maß einschränkt und daß durch verstärkt einsetzende treibende Gewichts- und Schenkelhilfen das Pferd mehr in eine Vorwärts- als in eine Seitwärtsbewegung versetzt wird. Die Hinterfüße, insbesondere der äußere, haben daher mit jedem Tritt das »Vorwärts« zu betonen. Weiter empfiehlt es sich, zur Vervollkommnung dieser Übung das Pferd vermehrt an die Zügel zu stellen und dadurch die Versammlung zu verbessern. So geritten nähert sich diese Übung, insbesondere in ihrem zweiten Teil, immer mehr dem Schulterherein. Besonders ist aber noch darauf zu achten, daß das Pferd nicht mit der äußeren Schulter ausfällt, was leicht der Fall ist, wenn der Reiter zu starke innere Hilfen anwendet.
Bei der Übung Viereckverkleinern und -vergrößern wird das Pferd nach Durchreiten der ersten Ecke der langen Seite umgestellt und dann vorwärts-seitwärts gegen die Mittellinie der Bahn geführt. Das Pferd bleibt in seiner Länge etwa mit der Wand der langen Seite gleichgerichtet, der innere Hinterfuß tritt in Richtung zwischen die Vorderfüße, das Pferd ist im Kopf leicht gestellt. Die Bewegung wird fortgeführt, bis das Pferd etwa eine Pferdelänge vor der Verbindungslinie der Mitte der beiden langen Seiten (dem Halbe-Bahn-Punkt) angekommen ist. Hier wird das Pferd geradeausge-

Abb. 65. Viereck verkleinern und vergrößern.

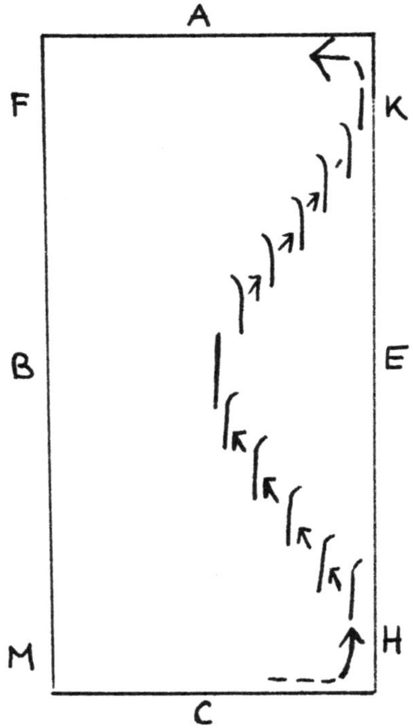

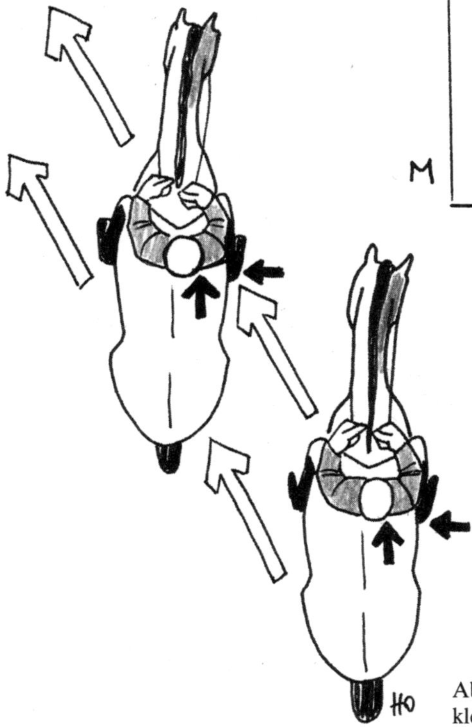

Abb. 66. Hilfen zum Viereck verkleinern und vergrößern.

stellt, eine Pferdelänge in deutlicher Vorwärtsbewegung geradeaus geritten, dann nach dem Innern der Bahn zu gestellt und mit seitwärtstreibenden Hilfen des inneren Schenkels wieder im Vorwärts-Seitwärtsreiten auf den Hufschlag der langen Wand zurückgeführt, wobei darauf zu achten ist, daß das Pferd eine Pferdelänge vor der Ecke den Hufschlag wieder erreicht hat und dann die Ecke sauber ausgeritten wird.

Natürliche Schiefe und Geraderichten

Bei der Ausführung aller bisher behandelten Übungen der Gangarten und Wendungen im Gange genügt es, wenn das Pferd leicht am Zügel stehend, in einer der natürlichen Haltung ähnlichen Gebrauchs- oder Arbeitshaltung geht, bei der das Pferd den Hals, in seiner oberen Linie leicht gewölbt, nach vorn trägt, das Genick der höchste Punkt ist und der Kopf mit vorwärts-abwärts gerichteter Nase frei getragen wird. Daneben ist aber noch zu beachten, daß Vor- und Hinterhand auf einem Hufschlag gehen, daß also die Hinterhand genau der Vorhand folgt und nicht nach hinten ausweicht oder nach außen ausfällt.

Dieser Forderung steht bei den meisten Pferden eine Neigung entgegen, die als »natürliche Schiefe« bezeichnet wird. An der schiefen Körperhaltung sind aber auch fehlerhafte Einwirkungen des Reiters schuld. Gebraucht er z. B. den inneren Zügel zu stark, so wird dem Pferd das Untertreten mit dem inneren Hinterfuß erschwert oder an dessen Beugung zu hohe Anforderungen gestellt. Das Pferd wirft sich dann mit der Hinterhand gegen den Zügel. Auch eine zu starke Tätigkeit des äußeren Schenkels stellt das Pferd schief. Endlich ist noch zu beachten, daß das Pferd in der Vorhand schmaler als in der Hinterhand ist und dieser Umstand allein schon Anlaß zu schiefem Gehen gibt.

Die natürliche Schiefe des Pferdes zeigt sich darin, daß das Pferd einen Hinterfuß – meist den rechten – mehr oder weniger stark nach rechts seitwärts setzt, daß es mit der linken Schulter ausfällt und den Hals nach der linken Seite ausbuchtet. Das Pferd geht also gegen den rechten Schenkel und den linken Zügel; es hat ferner eine mehr weiche und hohlgebogene rechte und eine mehr straffe und vollgebogene linke Seite.

Geraderichten heißt also nicht nur die natürliche Schiefe des Pferdes zu beseitigen, sondern stets dafür zu sorgen, daß das Pferd genau auf einem Hufschlag geht und zu diesem Zweck entweder geradeausgestellt ist (beim Reiten auf gerader Linie) oder aber eine gleichmäßige Linksbiegung (beim Reiten auf gebogenen Linien) erhält.

Aufgabe des Geraderichtens ist also: Vor- und Hinterhand so aufeinander einzurichten, daß das auf einem Hufschlag gehende Pferd sich mit seiner Längsachse genau der Hufschlaglinie anpaßt, gleichviel, ob diese gerade oder gebogen ist.

Bei natürlicher Rechtsschiefe verhindert der Reiter mit dem rechten Schenkel und dem etwas seitlich abgestellten rechten Zügel ein weiteres Seitwärtstreten des rechten Hinterfußes und gebraucht den linken Schenkel näher am Gurt, um den linken Hinterfuß zu vermehrtem Vortreten zu veranlassen. Die linke Schulter wird mit tiefgehaltenem linkem Zügel verwahrt und endlich die Vorhand auf die Hinterhand eingerichtet. Daneben muß der Reiter das Pferd immer wieder zum Dehnen der rechten Halsseite veranlassen und darf sich nicht verleiten lassen, die schon vorhandene Biegung im Halse nach rechts noch zu verstärken.

Die schiefe Haltung des Pferdes tritt um so leichter ein, je kürzer und versammelter es geritten wird. Die geraderichtende Arbeit muß daher in erster Linie im entschiedenen Vorwärtsreiten geschehen. Auch beim weiteren Durcharbeiten wird das Pferd immer wieder in den Fehler der natürlichen Schiefe zurückzufallen versuchen, was der Reiter dann sofort fühlen und mit geeigneten Einwirkungen verhindern oder beseitigen muß.

In welcher Weise die natürliche Schiefe bei den Wendungen im Gange zum Ausdruck kommt und wie sich der Reiter beim Auftreten dieses Fehlers zu verhalten hat, ist schon beim Eckenausreiten und bei den Wendungen vom Hufschlag ab und gegen den Hufschlag zu eingehender behandelt worden.

Alle bisher beschriebenen Übungen, die sowohl der Ausbildung junger Pferde als auch der Ausbildung junger Reiter dienen, können und sollen zu diesem Zweck mit nur leicht anstehenden Zügeln geritten werden, wobei das Pferd in einer Haltung geht, die wir als Gebrauchs- oder Arbeitshaltung bezeichnen. Die Einwirkungen oder Hilfen des Reiters haben hierbei mit vorherrschenden Schenkel- und unterstützenden Gewichtshilfen zu gesche-

hen, während die Zügelhilfen nur als Helfershelfer dienen, um einerseits die Pferde im vorgeschriebenen Tempo zu halten und um ihnen andererseits die Richtung anzuweisen, sie also zu führen. Hinsichtlich dieser Zügelhilfen war also nur zu fordern, daß die Zügel leicht und gleichmäßig anstehen und daß sich der Reiter jeder ziehenden Einwirkung enthält. Zur weiteren Ausbildung des Pferdes und zur Verbesserung seiner Haltung muß man nun aber dazu übergehen, die Zügel etwas bestimmter anstehen zu lassen, um dadurch das Pferd zu einer gewissen Nachgiebigkeit im Genick (Ganaschenbiegung) und im Maul (Kauen auf dem Gebiß) zu veranlassen.
Von größter Wichtigkeit ist es aber, bei diesen und den folgenden Übungen immer zu bedenken, daß die Hauptaufgabe den treibenden Schenkelhilfen zufällt und es sich bei allen Beugungen, Biegungen und Stellungen nicht um die Arbeit an nur einem Teil des Pferdekörpers handelt, sondern stets und ständig um das Durcharbeiten des ganzen Pferdes. Nur dann ist die Mühe, die man aufwendet, fruchtbar und von echtem Erfolg begleitet.
Ebenso wichtig wie die Durcharbeitung des Pferdes im vertikalen Sinne durch die Beugung der Gelenke der Hinterhand, durch Beizäumung (Genickbeugung) und Aufrichtung (Halsbeugung) ist auch seine Durcharbeitung im horizontalen Sinne, die wir als die eigentliche *Biegungsarbeit* bezeichnen. Bei diesen Biegungen handelt es sich um die Ganaschenbiegung und um die Biegung der Hals-, Rücken- und Lendenwirbel. Da sich die Biegungen in den Rückenwirbeln auch auf die Rippen übertragen, sprechen wir auch von einer Rippenbiegung. Auf der hohlgebogenen Seite werden die Rippen mehr zusammengeschoben, während sie auf der vollgebogenen Seite dann etwas weiter auseinanderstehen.

Stellungen des Pferdes

Betrachten wir die gesamte Wirbellinie des Pferdes von oben, so können sich folgende Stellungen ergeben:

– *Das geradegestellte Pferd beim Gehen auf gerader Linie.* Vom Genick über die Hals-, Rücken- und Lendenwirbel und weiter über das Kreuz-

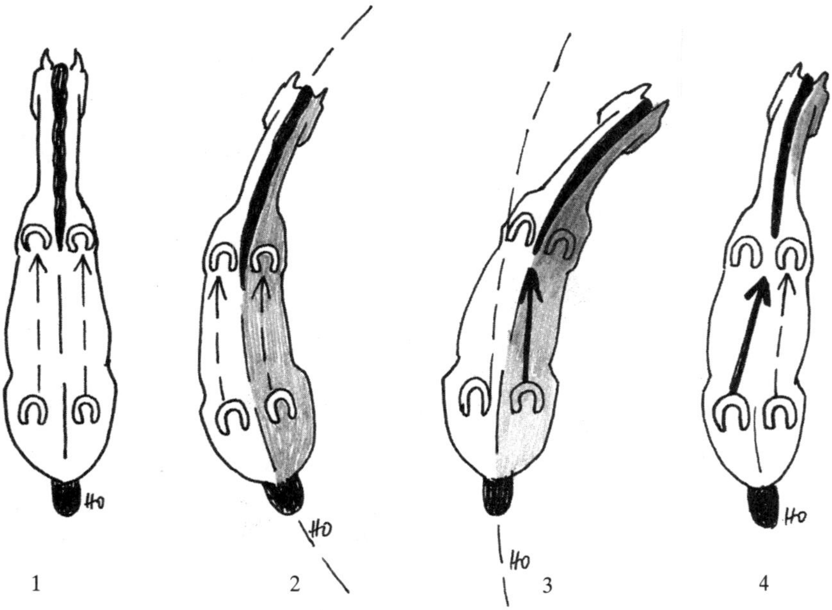

Abb. 67. Stellungen des Pferdes: 1. das geradegestellte Pferd auf gerader Linie; 2. das geradeausgerichtete Pferd beim Gehen auf gebogener Hufschlaglinie; 3. das seitlich gebogene Pferd; 4. das seitlich gestellte Pferd

bein bis zu den ersten Schweifwirbeln bildet das Pferd eine ganz gerade Linie. In der Bewegung spuren die Hinterfüße genau in Richtung der Vorderfüße.

- *Das geradeausgerichtete Pferd beim Gehen auf gebogener Hufschlaglinie.* Durch das ganze Pferd, vom Genick bis zum Schweifansatz, geht eine gleichmäßig verlaufende Längsbiegung, deren Stärke durch die Größe des Bogens der zu reitenden Hufschlaglinie (z. B. Zirkel, Schlangenlinie, Volte) bestimmt wird. Die Hinterbeine treten genau in Richtung der Vorderbeine. Auch hier spricht man vom geradegerichteten Pferd.
- *Das seitlich gebogene Pferd.* Eine seitliche Biegung ist dann vorhanden, wenn beim Reiten auf gerader Linie dem Pferd eine Längsbiegung gegeben wird oder wenn beim Reiten auf gebogener Linie vom Pferd eine

stärkere Längsbiegung verlangt wird, als es das Reiten auf der gebogenen Linie erfordert. Durch das Pferd geht seinem Körperbau entsprechend eine sich von hinten (Kreuz) nach vorn (Genick) allmählich verstärkende Wölbung (Biegung), die aber nirgends einen Knick oder eine Ausbuchtung zeigen darf. Da bei solchen seitlichen Biegungen die Vorhand und mit ihr die äußere Schulter etwas nach innen gerichtet und die innere Schulter etwas vorgerichtet ist, außerdem der innere Hinterfuß durch die Tätigkeit des inneren Schenkels mehr an den äußeren Hinterfuß herangeschoben wird, spurt der innere Hinterfuß nicht mehr in Richtung des inneren Vorderfußes, sondern in Richtung zwischen beide Vorderfüße, während der äußere Hinterfuß unter Erhaltung eines guten Vortritts die Richtung auf den äußeren Vorderfuß beibehält.

- *Das seitlich gestellte Pferd.* Dem je nach der Hufschlaglinie geradegerichteten Pferd wird eine verstärkte Ganaschenbiegung abverlangt in der Art, daß der Reiter den Augenbogen und den Nüsternrand der betreffenden Seite schimmern sieht. Außerdem wird dem Pferd durch verstärktes Anlegen des äußeren Schenkels dicht hinter dem Gurt eine Kreuzbiegung (Lendenbiegung) derart gegeben, daß der äußere Hinterfuß dichter an den inneren herangeschoben wird, wodurch der äußere Hinterfuß nunmehr in Richtung zwischen die Vorderfüße vortritt, während der innere Hinterfuß die Richtung auf den inneren Vorderfuß beibehält.

Seitenbiegung

Bevor auf die Übungen mit Seitenbiegung näher eingegangen wird, sei nochmals betont, daß auch diese Übungen nicht Selbstzweck, sondern nur Mittel zum Zweck sind, daß sie sich also nicht auf einen Teil des Pferdekörpers beschränken dürfen. Sie sind nur sinnvoll, wenn sie zur Gesamtausbildung des Pferdes beitragen.
Deshalb sind die biegenden Übungen, nachdem das erste Verständnis erreicht ist, grundsätzlich in der Bewegung auszuführen. Auch hierbei ist der Trabarbeit vor der Schrittarbeit der Vorzug zu geben, denn auch bei diesen Übungen ist das »Vorwärts“ der natürliche Verbündete des Reiters. Je bestimmter nämlich die Vorwärtsbewegung, desto weniger wird das Pferd falsche Biegungen ausführen; andererseits ist es aber in der Lage, sich

der richtigen Biegung dadurch zu entziehen, daß es den inneren Hinterfuß nicht unter den Schwerpunkt setzt, sondern mit ihm seitwärts ausweicht.
Übungen der Seitenbiegung tragen jedoch erst dann zur Ausbildung des Pferdes bei und können also erst dann begonnen und richtig ausgeführt werden, wenn der Hals am Widerrist festgestellt ist und die Pferde im Arbeitstrab und im Halten gleichmäßig an beiden Schenkeln und Zügeln stehen.
Bei den Übungen zur seitlichen Biegung soll das Pferd die Muskeln der inneren Halsseite flach legen, wobei der Mähnenkamm nach innen überkippt, und die der äußeren Seite dehnen. Hierdurch wird Nachgiebigkeit auf die inneren und ein Herangehen an die äußeren Hilfen erreicht. Außerdem soll das Pferd die innere Seite konkav, d. h. hohl biegen, die äußere aber konvex, d. h. voll biegen, aufwölben.
Die Übungen mit Seitenbiegung bezwecken, dem Pferd die Längsbiegung anzuweisen, die beim Reiten gebogener Hufschlaglinien, beim Galopp, bei Übungen in versammelten Gängen und bei Seitengängen notwendig ist. Die Seitenbiegung muß gleichmäßig durch das Pferd hindurchgehen, d. h. Genick, Hals und Rückgrat sollen in gleicher Weise an der Biegung teilnehmen, wenn auch dem anatomischen Bau entsprechend die Biegung sich von hinten nach vorn allmählich verstärkt.
Die richtige Biegung im Genick, d. h. in den Ganaschen, wird erschwert, weil das Genick des Pferdes nach allen Seiten hin frei beweglich ist, in seiner Beweglichkeit aber eingeschränkt werden muß, um die gewünschte Haltung und Stellung von Kopf und Hals zu erreichen. Beim Reiten mit Seitenbiegung soll sich das Pferd in den Ganaschen seitlich so biegen, daß sich der innere Ganaschenrand unter, in seltenen Fällen über der Ohrspeicheldrüse an den Halsmuskel anlegt. Der Reiter hat insgesamt die Aufgabe, die weniger beweglichen Körperteile biegsam zu machen und die Seitenbiegung der beweglichen Körperteile so zu regeln, daß der Grad ihrer Biegung dem der weniger beweglichen entspricht.
Mit dem Biegen darf erst begonnen werden, wenn das Pferd geradegerichtet ist und gleichmäßig Anlehnung gewonnen hat, wenn der Hals am Widerrist feststeht und die dem Dressurgrad und dem Körperbau entsprechende Beizäumung und Aufrichtung erreicht ist.
Das Höchstmaß der vom Pferd im Gang zu fordernden Längsbiegung entspricht der Kreislinie einer Volte.
Die Seitenbiegung wird durch Gegeneinanderwirken biegender innerer und begrenzender äußerer Hilfen erreicht. Die Übungen werden zunächst an

der Hand, später unter dem Reiter zunächst auf der Stelle und im Schritt, dann aber vorherrschend im Trabe ausgeführt. Bei Übungen mit seitlicher Biegung im Halten entlastet das Pferd gern einen Fuß und entzieht sich dadurch sowie durch falsche Halsbiegung der gleichmäßigen Seitenbiegung. Auch im Schritt hat das Pferd manche Gelegenheit, sich der richtigen Biegung zu entziehen; deshalb empfiehlt es sich, alle Übungen vorherrschend im Trabe (Arbeitstrab und Mitteltrab) vorzunehmen.

Einwirkungen beim Biegen und Zweck dieser Einwirkungen

Der aufmerksame Reiter kann beobachten, daß das Pferd in der Bewegung auf der Beugeseite mit dem Kopf eine leicht nickende Bewegung macht. Dieses Entgegenkommen des Pferdes muß der Reiter bei allen Übungen mit Seitenbiegung gefühlvoll ausnutzen. Solange das Vortreten des Hinterfußes auf der Beugeseite andauert, wirkt der Reiter mit dem gleichen Zügel annehmend. Wenn der betreffende Hinterfuß wieder aufsetzt, muß der Reiter während der folgenden Streckbewegung verwahrend gegenhalten. Auf diese Weise wird sich das Pferd nach und nach im Genick biegen und die Nase fallen lassen bis zu einer Linie dicht vor der Senkrechten.
Durch Annehmen des inneren Zügels, wobei dieser mehr seitlich zu wirken hat, wird das Pferd zum Nachgeben in den Ganaschen und im Hals veranlaßt. Der äußere Zügel regelt das Maß dieser Biegung, indem er anfangs mehr nachgebend, später mehr verwahrend wirkt. Der innere Schenkel am Gurt hält den inneren Hinterfuß dicht an den äußeren heran und zwingt ihn, sich in der Bewegung mehr in den Gelenken zu beugen, während der äußere Schenkel hinter dem Gurt den äußeren Hinterfuß dicht an den inneren heranhält und besonders jedes Ausfallen des äußeren Hinterfußes verhindert. Die Gewichtshilfe besteht in einem leichten Verlegen des Schwerpunkts des Oberkörpers nach innen.
Diese Einwirkungen bezwecken, die Folgsamkeit des Pferdes auf die mehr seitlich wirkenden Zügelanzüge zu erhöhen und weiterhin Durchlässigkeit, Nachgiebigkeit auf die inneren und Herangehen an die äußeren Hilfen zu erreichen. Außerdem wirken sie verbessernd auf Haltung und Gang des Pferdes ein. Richtige Ganaschenbiegung bei nicht zu starker Halsbiegung

bahnt ferner dem Reiter den Weg durch das Genick zur Beugung des inneren Hinterfußes.
Wie schon betont, muß der ganze Pferdekörper im Gang, vorwiegend im Trab, gebogen werden. Das Pferd muß hierbei vermehrt vorwärtsgehen und sich selbst im Gleichgewicht halten; auch ist im Trab eine bessere Einwirkung mit den Schenkeln möglich, da der innere Hinterfuß mehr gebeugt, der äußere aber in seiner Schubkraft erhalten wird. Auf der Stelle und im Schritt vermag das Pferd leicht einen seiner Füße zu entlasten und sich dadurch den Anforderungen zu entziehen. Im Trab ist jedoch auf Frische und Regelmäßigkeit des Trabtempos zu achten.

Biegen an der Hand

Das Biegen an der Hand, das eigentlich jede Reitstunde einleiten sollte und noch im Stall ausgeführt werden kann, ist nicht nur ein gutes Mittel, um das Pferd zum Kauen am Gebiß und zum Nachgeben in den Ganaschen zu bringen. Es bietet dem Reiter auch Gelegenheit, sich vor dem Reiten mit seinem Pferd zu beschäftigen, mit ihm zu sprechen, es zu loben, kurz, sich mit dem Pferd und das Pferd mit sich vertraut zu machen. Dieses »Viertelstündchen«, und wenn es auch nur 5 oder 10 Minuten sind, sollte kein Reiter scheuen, um so weniger, als er bei dieser Übung erkennen kann, in welcher Verfassung sich sein Pferd befindet. Natürlich ist das Biegen an der Hand in erster Linie nur ein Hilfsmittel zur Belehrung junger und zur Korrektur älterer, verdorbener Pferde.
Das Biegen an der Hand beginnt zunächst mit dem Abkauenlassen. Der Reiter stellt sich vor das Pferd und erfaßt mit Daumen und Zeigefinger die Zügelenden dicht hinter den Trensenringen. Dann übt er mit beiden Händen einen weich beginnenden, gleichmäßig wechselnden Druck mit dem Gebiß auf die Laden aus. Hierdurch soll das Pferd zum Zurücknehmen des Unterkiefers veranlaßt werden; will es dann aber den Kopf selbst zurücknehmen, so gibt der Reiter sofort nach, und es erfolgt ein Schließen des Mauls. Dieses wiederholte Öffnen und Schließen des Mauls, Zurück- und Vorgehen des Unterkiefers wird als *Abkauen* bezeichnet, das zum Schäumen des Pferdemauls führt. Kommt das Pferd dem Druck nicht nach, so wird die Stärke des Drucks gesteigert, wobei aber darauf zu achten ist, daß

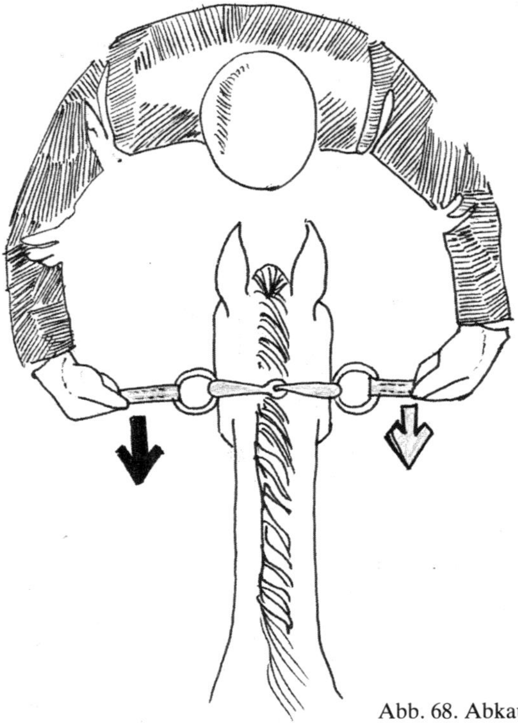

Abb. 68. Abkauen lassen an der Hand.

man mit wechselseitigen Hilfen schneller zum Ziele kommt, als wenn beide Hände gleichmäßig auf die Laden des Pferdes drücken. Bei jedem Nachgeben ist das Pferd sofort zu loben und zu klopfen.

Sobald das Abkauen erzielt ist, beginnt das Biegen an der Hand, wobei ein Zügel, auf die Lade drückend, das Pferd zum Nachgeben veranlaßt, während der andere Zügel nach vorn, gegen die Schulter des Reiters wirkend, den Hals zum Langmachen bringt.

Vor und beim Abbiegen ist darauf zu sehen, daß das Genick den höchsten Punkt bildet, daß sich die Nase vor der Senkrechten befindet und beide Ohren in gleicher Höhe stehen.

Bei der Übung muß die Wirkung beider Zügel dahin in Übereinstimmung gebracht werden, daß die Biegung mehr in den Ganaschen stattfindet und der Hals nur so viel an der Biegung teilnimmt, daß der Mähnenkamm nach der inneren Seite überkippt. Der Ganaschenrand soll sich an den Halsmuskel anlegen, wobei die Ohrspeicheldrüsen nach außen über den Ganaschenrand heraustreten. In seltenen Fällen legen sie sich unter die Ganaschen. Die innere Halsseite wird flach, und es bilden sich zwei Längsrinnen, die äußere Halsseite dehnt sich und wölbt sich nach außen auf.

Biegen auf der Stelle

Vor Beginn des Biegens auf der Stelle läßt der Reiter das gerade auf alle vier Beine gestellte Pferd abkauen. Sodann sind Hals und Kopf des Pferdes so zu stellen, daß das Genick den höchsten Punkt bildet und die Nase etwas vor der Senkrechten steht. Beim Biegen auf der Stelle setzt sich der Reiter nach innen, der innere Schenkel liegt am, der äußere verwahrend hinter dem Gurt. Der verkürzte innere Zügel veranlaßt durch eine etwas seitlich annehmende Zügelhilfe bei tiefer gestellter Hand das Pferd, den Kopf zu wenden. Anfangs soll die äußere Hand etwas nachgeben, später durch sanftes Gegenhalten ein zu starkes Nachgeben auf den inneren Zügel verhindern. Der äußere Zügel hat auch die Aufgabe, den Hals wieder gerade zu stellen und für die nötige Aufrichtung zu sorgen.
Der Reiter muß allen Versuchen des Pferdes, die inwendige Seite zu entlasten und das Gewicht der Vorhand auf den äußeren Vorderfuß zu legen, entgegenwirken. Außer richtiger Gewichtsverteilung nach innen ist es notwendig, den inneren Hinterfuß möglichst nahe an den äußeren heranzuhalten. Zur Unterstützung empfiehlt es sich, die Übung auf dem Hufschlag an der Wand vorzunehmen und die Vorhand des Pferdes etwas von der Wand abzustellen.
Steht die Nase vor dem Biegen senkrecht oder hinter der Senkrechten, so wird das Pferd überzäumt, oder es entzieht sich der richtigen Biegung durch eine falsche Biegung hinter dem zweiten oder dritten Halswirbel. Zeigt sich dieser Fehler, so muß der Reiter das Pferd mit dem Schenkel am Gurt vordrücken und durch leichte Zügelanzüge mit höher gestellten Händen die Nase vor die Senkrechte bringen. Durch folgendes Tieferstellen der Hände und mehr waagrechte Zügelanzüge wird dann zunächst die korrekte Beizäumung wiedergewonnen.

Der auswendige, richtende Zügel wird zweckmäßig etwas höher geführt, während der inwendige, biegende Zügel tiefer gehalten wird. Höhere Führung des auswendigen Zügels wird besonders notwendig, wenn der Hals sich am oberen Teil nach außen verbiegt. Man legt den Zügel dann dort am Hals an, wo die Muskeln heraustreten. Umgekehrt kann es zweckmäßig sein, den auswendigen Zügel ganz niedrig, direkt vor der Schulter wirken zu lassen, um einer Verbiegung des Halses am unteren Ende und einem Ausfallen der äußeren Schulter zu begegnen. Der inwendige Zügel muß dann in etwas höherer Stellung für Biegung und Aufrichtung sorgen. Verwirft sich ein Pferd im Genick, wodurch das eine Ohr tiefer zu stehen kommt als das andere, so muß der Reiter das tieferstehende Ohr mit dem gleichseitigen Zügel höher stellen und mit dem anderen Zügel in tiefer Stellung gegenhalten.

Biegen im Gang

Beim Biegen im Gang sind die gleichen Hilfen erforderlich, nur müssen die Schenkel, insbesondere der innere, mehr zur Wirkung kommen. Dieser regt den inneren Hinterfuß zum Untertreten an und sorgt, unterstützt durch den inneren Zügel, für Nachgiebigkeit der inneren Seite. Äußerer Schenkel und äußerer Zügel verwahren Hinterhand und Schulter und sorgen dafür, daß die Biegung um den inneren Schenkel gleichmäßig durch das ganze Pferd hindurchgeht.

Das Biegen erfolgt zunächst auf geraden Linien an der Wand, wobei neben den biegenden Einwirkungen des inneren Schenkels und Zügels die verwahrende Tätigkeit des äußeren Schenkels einsetzen muß. Der Reiter muß unbedingt in der Lage sein, das Ausfallen des auswendigen Hinterfußes zu verhindern.

Ein Fehler ist es, wenn das Pferd mit der äußeren Schulter an der Wand klebt oder mit dem inneren Hinterfuß nach innen ausweicht. In diesem Fall ist die Vorhand etwas hereinzuführen, so daß die äußere Schulter vor die äußere Hüfte gerichtet bleibt.

Im Gange setzt das Pferd der Biegung zuweilen dadurch Widerstand entgegen, daß der innere Hinterfuß nicht unter den Schwerpunkt tritt. Der Reiter muß daher darauf achten, daß der innere Hinterfuß durch den inwendigen Schenkel auch zum leichten Vortreten vor den äußeren Hinterfuß angehalten wird. Beide Hinterfüße sollen dicht aneinander vorbeitreten und eine schmale Hufspur bilden, wobei der innere Hinterfuß in Richtung zwischen die Vorderfüße tritt, während der äußere Hinterfuß sich gegen den äußeren Vorderfuß vorbewegt.

Reiten in Außenbiegung

Das Reiten in Außenbiegung, wobei die Biegung in Richtung auf die Wand hin vorgenommen wird, ist besser geeignet, den Reiter zu tätigerem Gebrauch der äußeren Hilfen zu veranlassen, als dies beim Biegen nach innen der Fall ist. Hierbei wird der Reiter nämlich durch die Wand dazu veranlaßt, mit dem äußeren Schenkel und Zügel weniger stark einzuwirken.

Reiten in Seitenstellung

Bei der Seitenstellung wird das geradegerichtete Pferd (geradeausgestellt beim Reiten auf geraden Linien, geradeausgerichtet beim Reiten auf gebogenen Linien) in den Ganaschen und in den Lendenwirbeln so weit gebogen, daß der Reiter den Augenbogen des inneren Auges und den Nüsternrand der inneren Nüster schimmern sieht und daß der äußere Hinterfuß dichter an den inneren Hinterfuß herangeschoben wird.
Neben den inneren, die Seitenbiegung fordernden Hilfen werden also vornehmlich die äußeren Hilfen eingesetzt. Sie beschränken die Halsbiegung und verstärken die Biegung in den Lendenwirbeln, während der äußere Zügel auch für die richtige Kopfhaltung und Aufrichtung zu sorgen hat.
In der Bewegung muß der äußere Hinterfuß mit dem inneren zusammen sich auf einem schmalen Hufschlag bewegen und in Richtung zwischen beide Vorderfüße treten. Der innere Hinterfuß darf aber dabei nicht nach innen ausweichen, sondern muß durch den gut anliegenden inneren Schenkel daran gehindert werden.
Reiten in Stellung ist erforderlich:
– zur Versammlung des Pferdes und zum Reiten in versammelten Gängen;

- zum genauen Durchreiten der Ecken;
- zur Ausführung bestimmter Hufschlagfiguren mit stärkerer Längsbiegung;
- zum Angaloppieren und zum Reiten im versammelten Galopp;
- beim Reiten von Seitengängen.

Um ungleiche Tritte zu vermeiden, ist häufig die Stellung zu wechseln. Dieses Wechseln muß fließend ausgeführt werden, ohne daß die Pferde dabei stutzen oder eilig werden. Pferde, die sich im Gang verhalten, müssen beim Wechseln der Stellung zunächst geradeausgestellt und energisch vorwärts geritten werden.

Reiten in Außenstellung

Beim Reiten in Außenstellung (nur im Schritt und versammelten Trab) ist das Pferd nach der äußeren Seite gestellt und muß infolgedessen gegen seine Stellung wenden. Sitz und Hilfen sind im allgemeinen die gleichen wie beim Reiten in Stellung; nur beim Reiten auf gebogenen Linien (Ecken) muß das Vortreten der äußeren Füße durch den führenden äußeren Zügel beschränkt werden, während der innere Schenkel den mehr belasteten inneren Hinterfuß zu energischem Untertreten anhalten muß. Beim Reiten einer engeren Wendung muß daneben die Stellung etwas verringert werden.

Das Reiten in Außenstellung erhöht die Aufmerksamkeit und Folgsamkeit des Pferdes auf die äußeren Hilfen und dient als Vorübung zum Seitengang Renvers. Auch ist es ein Mittel, Pferde, die mit der äußeren Schulter oder mit der Hinterhand ausfallen oder seitwärts drängen, am Abweichen von der Richtung zu hindern.

Abbrechen

Das Abbrechen darf nur im Halten vorgenommen werden und wird vornehmlich beim Reiten auf Kandare geübt.

Unter Abbrechen versteht man eine Steigerung der seitlichen Ganaschen-

biegung ohne Verstärkung der Halsbiegung. Man kann damit die Stellung des Pferdes sowie die Durchlässigkeit im Genick verbessern. Es empfiehlt sich auch, sobald ein Pferd beim Hergeben der Stellung Schwierigkeiten macht.
Zuerst muß das Pferd geradegerichtet, bei herangeholten Hinterfüßen gleichmäßig auf alle vier Beine gestellt werden und in gut aufgerichteter Haltung am Gebiß kauen. Sitz und Hilfen beim Abbrechen sind dieselben wie beim Biegen. Während man dem Pferd anfänglich erlaubt, auch den Hals ein wenig mitzubiegen, muß der äußere Zügel nach und nach diese Halsbiegung vermindern, dagegen die Ganaschenbiegung verstärken und das Pferd zum höheren Tragen des Halses und Kopfes veranlassen. Der äußere Zügel verhindert ferner ein Schiefstellen des Kopfes und ein Ausfallen der äußeren Schulter.
Wenn Schwierigkeiten beim Hergeben der Stellung eintreten, namentlich wenn sich das Pferd im Hals am Widerrist verbiegt, während es sich in den Ganaschen nicht biegt, so muß das Abbrechen sofort beendet und das Pferd in eine Vorwärtsbewegung gebracht werden.
Allen vorkommenden Fehlern, sei es bei Übungen mit Seitenbiegung oder beim Abbrechen, begegnet man am erfolgreichsten durch energisches Vorwärtsreiten mit geradegestelltem Pferd. Daher sind auch alle Übungen in Seitenbiegung und Seitenstellung mit einem schwungvollen Mitteltrab zu beenden.

Ausbildungsziele des Pferdes

Bei den bisher besprochenen Übungen waren der Ausbildung des Pferdes im wesentlichen folgende Ziele gesteckt:

1. Takt und Losgelassenheit

Sie werden durch das Reiten im natürlichen Arbeitstrab erreicht, wobei die diagonalen Beinpaare gleichzeitig und gleichmäßig ab- und wieder auffußen, bei leicht anstehenden Zügeln. Hat das Pferd sein Gleichgewicht unter dem Reiter wiedergefunden, geht es, ohne zu eilen, im Trab taktmäßig vorwärts, hat es das Bestreben, den Hals bei vorwärts-abwärts gestreckter Nase an die durchhaltende Hand heranzudehnen, macht es federnde, aus dem Rücken kommende Bewegungen, dann ist die Losgelassenheit erkennbar.

Losgelassenheit ist die Vorbedingung für den Erfolg der gesamten Dressur. Unter Dressur versteht man die planmäßige gymnastische Durchbildung und die sorgsame Erziehung des Pferdes. Durch diese Dressur soll es zur höchsten Leistungsfähigkeit und zum unbedingten Gehorsam ausgebildet werden. Hierbei werden aber auch seine natürlichen Anlagen erhalten und gefördert, es wird in eine Form und Haltung gebracht, in der es seine Kräfte voll entfalten kann.

2. Schubkraft und Anlehnung

Sie sind das Ergebnis der ersten vortreibenden Einwirkungen und die Grundlage für die weitere Durcharbeitung des Pferdes. Durch die Schubkraft wird der Schwung aus der Hinterhand entwickelt, das Pferd tritt an den Zügel heran, es kommt zu einer gesicherten Verbindung zwischen Reiterhand und Pferdemaul, die man Anlehnung nennt. Die Anlehnung darf niemals durch Rückwärtswirken mit den Zügeln gewonnen werden; sie muß das Ergebnis der richtig entwickelten Schubkraft sein. Die Anlehnung ist richtig, wenn das Pferd dem Reiter das Gefühl einer sicheren, leichten Verbindung zwischen Hand und Pferdemaul gibt, wenn es, ohne zu eilen, in fleißiger, taktmäßiger Folge am Schenkel bleibt und mit dem Rücken so federt, daß der Reiter, aufrecht und zwanglos sitzend, am Sattel bleibt und treiben kann.

Bei der nun eintretenden Verstärkung des Tempos zum Arbeits- und Mitteltrab soll die Vorwärtsbewegung energisch, aber mühelos und niemals krampfhaft und gespannt sein. Durch diese Arbeit wird das Pferd aus dem natürlichen Gleichgewicht ins Gleichgewicht unter dem Reiter gerichtet, und durch das vermehrte Untertreten der Hinterfüße tritt die erste Beugung der Gelenke der Hinterhand ein.

3. Durchlässigkeit und Beizäumung

Durch fleißiges Wechseln der Tempi, durch halbe und ganze Paraden, durch Anwendung von Übungen, die dem Geraderichten des Pferdes dienen, wird auch seine Durchlässigkeit erreicht. Der Schub der Hinterhand geht ungehindert bis ins Maul hinein und veranlaßt das Pferd, sich im Genick zu beugen und am Gebiß zu kauen. Damit gewinnt das Pferd allmählich von selbst die Beizäumung. Durch Übungen auf gebogenen Huf-

schlaglinien werden die Pferde lernen, die inneren Hinterfüße vermehrt unterzusetzen und zu beugen sowie sich in den Ganaschen zu biegen.
Die für die Durchlässigkeit nötige Beizäumung darf niemals durch gewaltsames Einzwängen von Kopf und Hals erstrebt werden. Sie muß vielmehr das Ergebnis des Nachschubs der Hinterbeine gegen die durchhaltende Hand sein. Nur so wird die Feststellung des Halses am Widerrist erreicht, ohne welche eine sichere Verbindung zwischen Vorhand und Hinterhand nicht möglich ist.
Schwierigkeiten und Widerstände, die sich in Versteifungen des Halses, des Genicks, des Rückens und der Hinterhand zeigen, haben gemeinsame Ursachen. Sie können nur in der Bewegung erfolgreich überwunden werden, denn im entschlossenen Vorwärtsreiten wird der Reiter unterstützt durch das Bedürfnis des Pferdes, sich selbst im Gleichgewicht zu halten.
Bei den Übungen im Galopp ist daran zu denken, daß diese Übungen dazu dienen, den äußeren Hinterfuß zu beugen. Danach muß auch der Reiter seinen Sitz einrichten, indem er mehr auf der äußeren, gegen die Mitte des Sattels geschobenen Gesäßhälfte sitzt, ohne dabei mit der Hüfte einzuknikken. Durch ein Verlegen des Schwerpunkts des Oberkörpers nach innen und Vornehmen der äußeren Schulter kann dies verhindert werden. Nur beim versammelten Galopp sitzt der Reiter mehr auf dem inneren Gesäßknochen, da es sich nunmehr darum handelt, den inneren Hinterfuß zu längerem Aushalten am Boden und zu stärkerem Beugen zu veranlassen.

4. Entwicklung der Tragkraft und Entstehung der Aufrichtung

In der vorher besprochenen Ausbildungsphase werden die Hinterfüße mehr gebeugt, es wird ihnen mehr Last zugeschoben. Der Reiter erhält das Gefühl, daß das Pferd hinter ihm tiefer und vor ihm höher geworden ist. Man spricht daher auch von relativer Aufrichtung.
Je weiter es dann gelingt, die Hinterhand zu beugen und sie dadurch zum Stützen und Abschieben der Körperlast geschickter zu machen, je kräftiger und geschmeidiger die Muskeln von Rücken und Hinterhand werden, desto weniger wird das Pferd eine Stütze in der Hand des Reiters suchen, vielmehr Hals und Kopf mehr tragen und so die Aufrichtung verbessern. Die erhöhte Tragkraft der Hinterhand ist nötig, weil nur sie die nunmehr einsetzende erforderliche Aufrichtung – die absolute Aufrichtung – gestattet und so dem Reiter ermöglicht, das durchlässige Pferd zu vermehrter Schwerpunktsverlegung nach rückwärts, also zur Entlastung der Vorhand und zur Mehrbelastung der Hinterhand, zu veranlassen.

5. Versammlung und Aufrichtung

Durch Erhöhung der Tragfähigkeit der Hinterhand wird der Schwerpunkt des Pferdes noch mehr nach rückwärts verlegt, die Hinterhand mehr belastet und die Vorhand entsprechend entlastet. Die Hinterfüße werden vermehrt gebeugt, was wiederum ein kräftigeres Strecken zur Folge hat. Hand in Hand geht damit eine gesteigerte Durchlässigkeit.

Nur wenn der Bewegungsfluß von hinten nach vorn wie auch von vorn nach hinten geht und durch keinerlei Widerstände des Pferdes unterbrochen wird, kommt es zum federnden Gegeneinanderarbeiten von Hinterhand und Vorhand. Nur so wird die richtige Versammlung ermöglicht, durch die dann Gang und Schwung verbessert werden.

In dieser Ausbildungsphase müssen auch die Hinterfüße mehr in den oberen Gelenken, in den Hanken (Hüft- und Kniegelenkswinkel) gebeugt werden. Hierzu eignen sich alle Übungen auf gebogenen Hufschlagfiguren in versammelten Tempi, vornehmlich auch Seitengänge.

Abb. 69. Hankenbeugung

Wir sehen also, daß die Seitengänge ebenso wie andere Übungen nicht Selbstzweck, sondern Mittel zum Zweck, d. h. zur gymnastischen Durchbildung des Pferdes sind. Auch hierbei geht es niemals um die Durcharbeitung einzelner Teile des Pferdekörpers, sondern stets um die Arbeit am ganzen Pferd.

Je mehr es im Verlauf der Dressur gelingt, die Hinterhand zu beugen und dadurch zum Stützen und Abschieben der Körperlast geschickter zu machen, desto weniger wird das Pferd eine Stütze in der Hand des Reiters suchen. Es wird vielmehr Kopf und Hals – je nach seinem Gebäude mehr oder weniger hoch – selbst tragen.

Die Aufrichtung des Halses darf niemals auf Kosten des schwungvollen und geräumigen Ganges erfolgen. Den Prüfstein für die richtige Stellung von Kopf und Hals bilden die Durchlässigkeit und der Schwung in allen Gangarten.

Versammelnde Übungen

Als versammelnde Übungen sind anzusehen:
- ganze Paraden
- das Rückwärtsrichten
- die Wendung auf der Hinterhand
- die Kurzkehrtwendung
- die Seitengänge
- besondere Übungen im Galopp

Diese versammelnden Übungen setzen neben einer gründlichen gymnastischen Durchbildung voraus, daß die Pferde genügend durchlässig und absolut ins Gleichgewicht gerichtet sind und den Einwirkungen des Reiters gehorsam folgen. Die Haltung der Pferde bei diesen Übungen entspricht im allgemeinen der Dressurhaltung. Die versammelnden Übungen bewirken einen höheren Grad der Versammlung, der Aufrichtung, der seitlichen Biegung und der Beugung in den Gelenken sowie der Durchlässigkeit und des Gehorsams.

Ganze Paraden

Die ganzen Paraden aus höheren Gangarten, die möglichst ohne Zwischentritte im Schritt ausgeführt werden sollen, veranlassen das Pferd, einen Teil der Last von der Vorhand vermehrt auf die Hinterhand zu verlegen. Sie fördern dadurch die Durchlässigkeit und verbessern die Haltung des Pferdes.

Rückwärtsrichten

Beim Rückwärtsrichten soll das Pferd die diagonalen Beinpaare in gleichmäßigen, ruhigen Tritten in gerader Richtung bei aufgerichtetem Hals und gebeugter Hinterhand zurücksetzen. Das Rückwärtsrichten ohne Unterbrechung darf nur auf eine Länge von höchstens sechs Tritten ausgedehnt werden.
Das Pferd muß zuerst bei untergeschobenen Hinterfüßen gerade auf allen vier Beinen stehen, geradeausgestellt sein und sich, am Gebiß kauend, im Genick willig hergeben. Durch gerade, auf die Hinterfüße gerichtete wechselseitige Zügelanzüge wird ein Rückwärtstreten gefordert. Der Oberkörper wird bei angezogenem Kreuz aufrecht gehalten, darf aber nicht zurückgelegt werden; er kann, wenn nötig, leicht vorgeneigt werden. Die Schenkel liegen verwahrend an, um zu verhindern, daß das Pferd mit der Hinterhand ausfällt oder ausweicht und sich vom Zügel losmacht. Bei einseitigen Widerständen (Steifen oder Ausfallen eines Hinterfußes) ist eine Kopfstellung nach der betreffenden Seite zu geben.
Bei Pferden, die eilend zurückkriechen, müssen bei zurückgehaltenem Oberkörper die Schenkel kräftiger einwirken. Sucht sich das Pferd der Zügelwirkung durch Seitwärtssetzen des einen oder des anderen Hinterfußes zu entziehen, so erfolgt die Korrektur durch Einrichten der Vorhand auf die Hinterhand, durch vermehrtes Annehmen des gleichseitigen Zügels, der dadurch verstärkt gegen den betreffenden Hinterfuß wirkt, wozu eventuell auch eine breitere Führung geboten ist. Weicht das Pferd dauernd nach derselben Seite aus, so kann die Übung mit Erfolg am Hufschlag der langen Seite ausgeführt werden. Widersetzt sich das Pferd dem Zügelanzug durch Gegenstemmen der hinausgestellten Hinterbeine, so müssen diese durch Vordrücken in halben Tritten herangeholt werden. Ein bewährtes

Mittel ist in diesem Fall auch die Wendung auf der Vorhand. Sobald hierbei einer der Hinterfüße unter den Leib vortritt, gibt der Reiter die Hilfen zum Rückwärtsrichten. Bei ernsthaften Widerständen des Pferdes ist jeder weitere Versuch des Rückwärtsrichtens einzustellen und das Pferd erst wieder im Vorwärtsreiten an die Schenkel und die Zügel zu stellen.
Soll aus dem Rückwärtsrichten gehalten werden, so hören die annehmenden Zügelhilfen auf, während die Schenkel, unterstützt durch die Gewichtshilfen, genügend vortreiben, um das Pferd am Zurücksetzen der Hinterfüße und am Loslösen vom Zügel zu hindern.
Soll aus dem Rückwärtsrichten ohne Halten vorwärtsgeritten werden, so setzen die vortreibenden Schenkel- und Gewichtshilfen so ein, daß das Pferd nicht zum Stehen kommt. Je genauer der Reiter beim Zurück- und beim Vortreten die Trittzahl bestimmen kann, um so vollendeter ist die Ausführung und um so größer der Nutzen der Übung.
Das Rückwärtsrichten fördert die Versammlung, beugt die Hinterhand und verbessert Haltung und Durchlässigkeit.
Als Strafe wird das Rückwärtsrichten angewendet bei Pferden, die sich stark auf die Hand legen, eilen oder sich der Zügelwirkung durch Wegbrechen entziehen. Dabei wird es ohne Unterbrechung auf mehr als sechs Tritte ausgedehnt und kann dann auch in rasch aufeinanderfolgenden Tritten verlangt werden.

Wendung auf der Hinterhand

Die Wendung auf der Hinterhand dient zum Verständnis der wendenden Hilfen und als Vorbereitung auf die Kurzkehrtwendung. Bei der Wendung auf der Hinterhand liegt der Drehpunkt unter dem inneren Hinterfuß.
Vor Beginn der Wendung ist wie beim Rückwärtsrichten das Pferd mit untergesetzter Hinterhand an den Zügel zu stellen und zu versammeln; dann wird durch Verkürzen des inneren Zügels das Pferd nach innen gestellt (innerer Zügel, äußerer Schenkel). Durch den Sitz des Reiters im Verein mit dem inneren Schenkel muß während der gesamten Dauer der Übung der innere Hinterfuß einerseits belastet (gebeugt), andererseits aber auch am Rückwärtstreten gehindert werden. Der innere Zügel führt durch seitliche Einwirkungen die Vorhand Tritt für Tritt um die Hinterhand

Abb. 70. Hinterhandwendung; Drehpunkt unter dem inneren Hinterfuß.

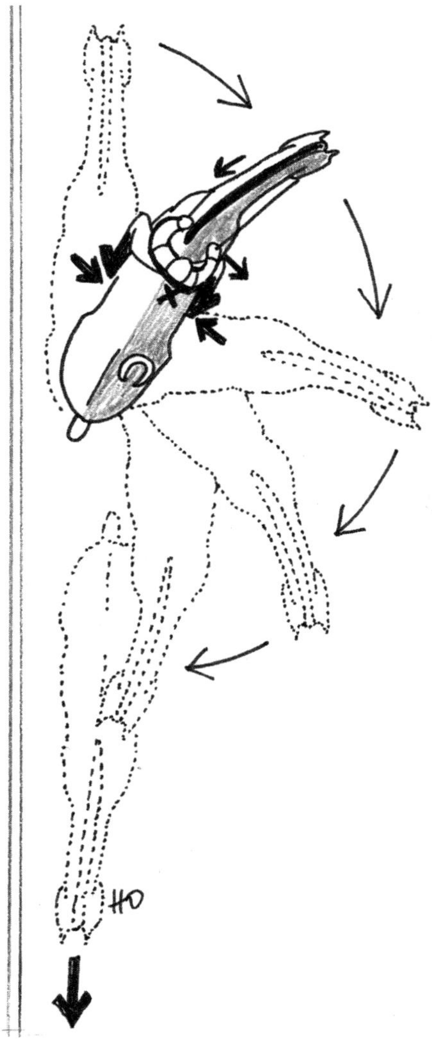

herum, während der äußere Zügel, in Richtung auf den inneren Hinterfuß wirkend, und der äußere Schenkel die Hinterhand am Ausfallen hindern. Der äußere Schenkel hat auch dafür zu sorgen, daß, je weiter die Bewegung fortschreitet, der äußere Hinterfuß dicht an den inneren herangehalten und so jedes Seitwärtsschleudern der Hinterhand verhindert wird.

Jedes Zurückkriechen des Pferdes ist durch vortreibende Einwirkungen beider Schenkel zu verhindern. Ein Vortreten ist der geringere Fehler, es kann sogar zur Einleitung der Bewegung zweckmäßig sein.

Kurzkehrtwendung

Die Kurzkehrtwendung ist eine Wendung auf der Hinterhand im Gange, die nur beim Reiten in versammelten Gängen ausgeführt wird. Die

Ausführung erfolgt entweder im Schritt oder im versammelten Galopp, wobei das Pferd in einigen Schritten oder Sprüngen sich bei leicht erhobener Vorhand um den inneren Hinterfuß herumdreht. Nach Beendigung der Wendung wird in der früheren Gangart weitergeritten.
Zur Ausführung der Kurzkehrtwendung gibt der Reiter dem Pferd mit dem äußeren Zügel in Richtung auf den inneren Hinterfuß eine entschiedene Parade. Diese bewirkt aber nur ein Aufhalten im Gange, um den inneren Hinterfuß festzuhalten und die Versammlung zu erhöhen.
Diese Parade darf aber kein vollkommenes Stillstehen hervorrufen. Das Herumführen der Vorhand um die Hinterhand muß sich daher auch der Parade des äußeren Zügels unmittelbar anschließen. Hierbei hat der innere Schenkel den inneren Hinterfuß am Zurücktreten zu hindern.
Nach der Wendung ist das Pferd auf den Hufschlag zu führen und dort umzustellen, sofern nicht ohne Wechsel weitergeritten werden soll.

Seitengänge

Seitengänge nennt man diejenigen Übungen, bei denen das Pferd mit Vor- und Hinterhand auf zwei verschiedenen Hufschlägen gebogen vorwärtsseitwärts geht.
Je nach Art der Abstellung der Vorhand oder der Hinterhand vom Hufschlag der langen Seite und je nach der Art der Biegung unterscheiden wir drei Seitengänge:
- Schulterherein
- Travers
- Renvers

Im Schulterherein ist das Pferd nach innen gestellt und mit der Vorhand nach innen abgestellt; es bewegt sich gegen seine Biegung, also von der hohlgebogenen nach der vollgebogenen Seite zu.
Im Travers ist die Hinterhand abgestellt, das Pferd nach innen gebogen; es bewegt sich in Richtung seiner Biegung, also von der vollgebogenen nach der hohlgebogenen Seite zu.
Im Renvers ist die Vorhand abgestellt, das Pferd nach außen gebogen; es bewegt sich in Richtung seiner Biegung, also von der vollgebogenen nach der hohlgebogenen Seite zu.

Die Seitengänge dienen zur gymnastischen Ausbildung der Hinterhand, zur Vervollkommnung der Längsbiegung, zur Erhöhung der Nachgiebigkeit auf Zügel- und Schenkelhilfen und zur Verbesserung des Schwungs. Sie fördern die Schulterfreiheit und festigen das Gleichgewicht. Durch die Abstellung des Pferdes wird die Schubkraft der Hinterbeine eingeschränkt, ihre Biegsamkeit und Tragfähigkeit dagegen mehr entwickelt.
Voraussetzung zum Reiten von Seitengängen sind Gehorsam auf die einseitigen Hilfen und ein gewisser Grad von Versammlung bei tätiger und schiebender Hinterhand. Vor Beginn des Seitengangs muß das Pferd richtig gestellt und versammelt werden. Vor allem muß der Hals an den Schultern festgestellt sein. Während des Seitenganges richtet sich der Grad der Beugung der Hinterbeine nach der seitlichen Abstellung des Pferdes. Je stärker die Abstellung, desto stärker muß auch die Versammlung und Längsbiegung sein. Je schwächer die Abstellung, desto geringer ist auch die seitliche Biegung.
Anfänglich werden die Pferde, um sie in gleichmäßig-taktvollen Bewegungen zu erhalten, weniger stark abgestellt. Im Laufe der Ausbildung darf das Pferd, um die Fußsetzung nicht zu stören, mit der Vorhand beziehungsweise mit der Hinterhand nicht mehr als einen Schritt vom Hufschlag abgestellt werden. Nur bei Dressur- und Turnierpferden kann, entsprechend ihrer Veranlagung und ihrer Durchbildung, eine Abstellung bis zu einem Winkel von 45 Grad zur Wand verlangt werden.
Immer aber ist beim Reiten von Seitengängen streng darauf zu achten, daß in erster Linie der reine schwungvolle Gang, dann die richtige Stellung und Haltung und erst zuletzt das Maß der Abstellung ausschlaggebend sind.
Die Seitengänge werden zunächst, zur Belehrung des Pferdes, im Schritt, später aber nur im versammelten Trab geritten. Der versammelte Trab ist die geeignetste Gangart; er erhöht die Geschicklichkeit des Pferdes, das besser am Zügel bleibt und sich der Einwirkung des Reiters nicht so leicht zu entziehen vermag wie im Schritt.
Beim Sitz des Reiters ist zu beachten, daß entsprechend der Biegung des Pferdes die innere Hüfte tiefer genommen und der innere Gesäßknochen mehr belastet wird, daß aber, wenn die Bewegung gegen die Biegung erfolgt, wie beim Seitengang Schulterherein, der Schwerpunkt des Oberkörpers im Sinne der Bewegungsrichtung mitgehen muß.
Die Beendigung der Seitengänge erfolgt durch einige Tritte des versammelten und wieder geradegerichteten Pferdes im versammelten Trab. Dann

folgt ein freier Trab, dessen Raumgriff und Energie Ausdruck einer verbesserten Versammlung ist.

Schulterherein

Im Schulterherein ist das Pferd nach innen gestellt, versammelt und aufgerichtet. Die Vorhand ist bis zu einem Schritt vom Hufschlag des äußeren Hinterfußes in die Bahn gewendet. Das Pferd bewegt sich nach der seiner Kopfstellung entgegengesetzten Seite. Die inneren Füße treten vor die äußeren. Im Gegensatz zum Schenkelweichen muß nun streng darauf geachtet werden, daß der äußere Hinterfuß nicht nach außen-seitwärts wegschleudert, sondern in Richtung der Seitwärtsstellung vortritt.
Zweck des Schulterherein ist es, Versammlung und Hankenbeugung zu erhöhen. Schulterherein ist die Grundlage für die übrigen Seitengänge und fördert die Ausbildung von Reiter und Pferd. Hauptsächlich wird der innere Hinterfuß zum weiten Vortritt angeregt, in der Schrägstellung mehr gebeugt und zum vermehrten Aufnehmen der Last veranlaßt. Weiterhin lenkt der Reiter sein Augenmerk auf eine richtige Rippenbiegung. Nach ihr bestimmt sich der Grad der Hals- und Ganaschenbiegung und das Abstellen der Vorhand.
Mit Schulterherein kann begonnen werden, wenn die Pferde im verkürzten Arbeitstrab Durchlässigkeit und Selbsthaltung gewonnen haben und in Stellung gehen können. Bei der Hilfengebung ist zu beachten, daß die Zügel die Vorhand führen. Sie sorgen für eine der Rippenbiegung entsprechende Hals- und Ganaschenbiegung, während den Schenkeln die Führung der Hinterhand und die Erhaltung der Rippenbiegung obliegt.
Die Entwicklung des Schulterherein erfolgt am zweckmäßigsten aus der zweiten Ecke der kurzen Seite, wobei der innere Zügel bereits verkürzt und das Pferd nach innen gestellt ist. Nach einer halben Parade wird das Pferd wie zur Volte gewendet. Durch eine nochmalige halbe Parade des äußeren Zügels wird es am weiteren Vorschreiten gehindert und mit diesem Zügel in den Seitengang geführt.
Während des Seitengangs ist folgendes zu beachten: Der innere Schenkel sorgt für Rippenbiegung und gutes Untertreten des inneren Hinterfußes, der jedesmal vor den äußeren gesetzt werden soll. Außerdem verhindert er ein Hereinwerfen der Hinterhand. Erst in zweiter Linie veranlaßt er zusammen mit dem äußeren Zügel die Seitwärtsbewegung des Pferdes. Der

innere Zügel sorgt für die richtige Kopfstellung, für Beibehaltung der zwei Hufschläge und verhindert zusammen mit dem inneren Schenkel ein Hereinwerfen der Hinterhand. Der äußere Zügel regelt im Verein mit dem äußeren Schenkel die Biegung, sorgt für die Aufrichtung und führt das Pferd. Der äußere Schenkel verwahrt die Hinterhand, hält den äußeren Hinterfuß zum Vortritt an und verhindert dadurch dessen Ausfallen. Die Hilfen werden so oft wie nötig erneuert, um das Pferd bei richtiger Stellung, gleichmäßigem Tempo, freiem Vortritt und richtig gebeugter Hinterhand im Fluß der Bewegung zu halten.

Die Beendigung des Seitengangs Schulterherein erfolgt am leichtesten in einer Ecke, wobei diese auf einem Hufschlag durchritten und nach der Ecke auf einem Hufschlag weiter geritten wird. Auch wird die Vorhand auf die Hinterhand eingerichtet, wobei das Ausfallen mit der äußeren Schulter zu verhindern ist. Besonders zu empfehlen ist der Übergang aus dem Schulterherein zur Volte auf einem Hufschlag, weil hierbei der äußere Hinterfuß durch den äußeren Schenkel zum gehörigen Vortritt angeregt wird. Nach der Volte wird entweder auf einem Hufschlag geradeausgeritten oder erneut im Schulterherein. Nützlich ist auch die Parade zum Halten im Schulterherein, wobei die äußeren Hilfen vorherrschend zu wirken haben. Nach der Parade wird die Haltung und Stellung des Pferdes und die Abstellung je nach Bedarf verbessert und nach diesen Korrekturen erneut im Schulterherein angeritten.

Die beim Schulterherein am häufigsten vorkommenden Fehler sind:

Ausfallen mit der äußeren Schulter, um sich der richtigen Biegung und Versammlung zu entziehen. Dieser Fehler wird begünstigt oder sogar veranlaßt, wenn der Reiter vorherrschend mit dem inneren Zügel arbeitet und mehr auf Hals- als auf Rippenbiegung bedacht ist. Gegenhalten des äußeren Zügels und Vortreiben des äußeren Hinterfußes stellen den Fehler ab.

Drückt ein Pferd mit der Hinterhand nach innen, so ist der innere Schenkel durch stärkeres Annehmen des inneren Zügels zu unterstützen.

Kommt das Pferd hinter den Zügel, so muß es auf einem Hufschlag in freieren Gängen an die Hand geritten werden.

Wehrt sich beim Reiten von Seitengängen das Pferd auf irgendeine Art gegen die Einwirkungen des Reiters, so reitet man das Pferd am besten im schwungvollen Trab auf einem Hufschlag geradeaus vorwärts und korrigiert es dann entweder durch die Lektion Schenkelweichen oder durch erneutes Reiten in Biegung beziehungsweise Stellung.

Travers

Im Travers ist das Pferd nach innen gebogen und gestellt und bewegt sich in Richtung seiner Biegung. Die auswendigen Füße treten dabei vor die inwendigen. Travers fördert die Biegsamkeit der Hinterhand, namentlich des äußeren Hinterfußes, sowie die Versammlung und Längsbiegung. Dadurch wird der Gehorsam auf Schenkel und Zügel verbessert.
Beim Übergang zum Travers wird das Pferd versammelt und gestellt, wobei darauf zu achten ist, daß der Hals an den Schultern festgestellt bleibt und nur der Längsbiegung entsprechend gebogen ist. Wie beim Schulterherein der Gebrauch des äußeren Schenkels wichtig ist, so wird im Travers Längsbiegung und Versammlung nur durch deutliche Einwirkung des inneren Schenkels erreicht.
Der gymnastische Wert dieses Seitengangs liegt nicht nur im Übertreten des äußeren Hinterfußes und in dessen stärkerer Beugung, sondern darin, daß der innere Hinterfuß zum deutlichen Untertreten in Richtung der Schrägstellung angehalten wird. Unter keinen Umständen darf der innere Hinterfuß zur Seite weggeschleudert werden.
Der Übergang zum Travers erfolgt zweckmäßig aus der Ecke und am besten in Verbindung mit dem Wechsel durch die ganze beziehungsweise halbe Bahn. Nach einer halben Parade wird durch Festhalten der Hinterhand mit dem äußeren Schenkel der Seitengang begonnen.

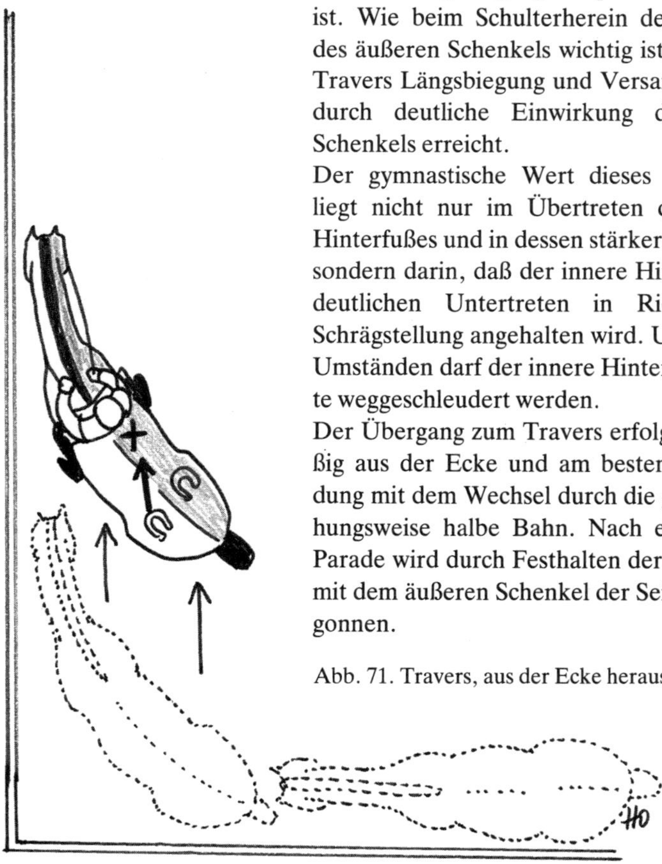

Abb. 71. Travers, aus der Ecke heraus entwickelt.

Der nach Bedarf verkürzte innere Zügel stellt und führt das Pferd, die innere Hand muß dabei weich und stet sein. Der innere Schenkel sorgt für Rippenbiegung und regt den inneren Hinterfuß zum Vortritt an. Der äußere Schenkel, hinterm Gurt, gibt dem Pferd die Lendenbiegung und erhält es zusammen mit dem inneren Zügel in der Seitwärtsbewegung. Der äußere Zügel regelt die Hals- und Ganaschenbiegung, stellt den Hals an den Schultern fest und unterstützt den äußeren Schenkel.

Beendet wird der Seitengang Travers, indem mit beiden Schenkeln, vorherrschend mit dem inneren, vortreibende Hilfen gegeben werden, die das Pferd zum Vorgehen in Richtung der Vorderfüße veranlassen. Der Übergang vom Travers zur Volte auf einem Hufschlag ist vorteilhaft. Auch die Parade im Seitengang zum Halten mit nachfolgendem Rückwärtsrichten ist zu empfehlen. Bei der Parade zum Halten muß der innere Schenkel dafür sorgen, daß der innere Hinterfuß gut untergesetzt wird.

Fehler beim Travers sind:

Biegung des Halses vorherrschend an der Schulter und bei wenig gebogenem Pferdekörper; zu starke Abstellung der Hinterhand. Vermehrter Gebrauch des inneren Schenkels und des äußeren Zügels hat dann einzusetzen.

Folgt das Pferd nicht willig dem Druck des äußeren Schenkels, so unterstützt der äußere Zügel den Schenkel. Eventuell muß das Pferd umgestellt und der Fehler durch Schenkelweichen beseitigt werden.

Entzieht sich das Pferd der Biegung des inneren Hinterfußes, so muß der innere Schenkel vermehrt vortreiben, um den inneren Hinterfuß zu veranlassen, mehr vorwärts als seitwärts zu treten.

Renvers

Der Renvers ist die Gegenübung zum Travers. Der Unterschied gegenüber dem Travers liegt, außer in der Abstellung, darin, daß das Pferd beim Renvers gegen seine Biegung in Außenstellung wenden muß. Dadurch tritt eine Erschwerung gegenüber dem Travers ein.

Zweck des Renvers ist es, die Gewandtheit des Pferdes zu erhöhen und den Reiter in Führung und Einwirkung geschickter zu machen.

Zunächst wird das Pferd nach außen gestellt und dann die Vorhand durch eine Wendung auf der Hinterhand im Gang in die Bahn geführt. Nach einer halben Parade beginnt dann der Renvers.

Zur Beendigung wird die Vorhand auf die Hinterhand eingerichtet, das Pferd umgestellt und auf einem Hufschlag geradeaus weitergeritten.
Im Renvers zeigen sich die gleichen Fehler wie beim Travers. Dazu kommt noch das Hereinwerfen der Hinterhand in die Biegung, wobei sich der innere Hinterfuß der Belastung entzieht und seitwärts herausschleudert. Dieser Fehler wird meist durch zu starke Halsbiegung hervorgerufen.

Allgemein ist zu den Seitengängen noch zu bemerken, daß vor jeder Übung im Seitengang das Pferd versammelt und richtig gestellt sein muß. Bei Beginn und Beendigung jeden Seitengangs gilt als Hauptgrundsatz, daß dabei niemals eine Wendung auf der Vorhand im Gang ausgeführt werden darf, weil dadurch die Hinterhand entlastet und somit die Versammlung aufgehoben wird. Daher kann man Schulterherein und Renvers – bei diesem muß dem Pferd zuerst Außenstellung gegeben werden – an jeder Stelle des Hufschlags durch eine Wendung auf der Hinterhand entwickeln und beenden. Travers dagegen darf auf der Hufschlagslinie der ganzen Bahn nur aus einer Ecke oder im Anschluß an eine Volte auf einem Hufschlag entwickelt werden. Wird der Seitengang Travers auf den Wechsellinien der ganzen oder halben Bahn geübt, so ist darauf zu achten, daß die Vorhand der Hinterhand stets gut vorgerichtet ist. Beenden kann man den Travers an jeder Stelle des Hufschlags. Bei allen Seitengängen ist auch darauf zu achten, daß die Hinterfüße möglichst eng aneinander, fast auf einem Hufschlag spuren, und

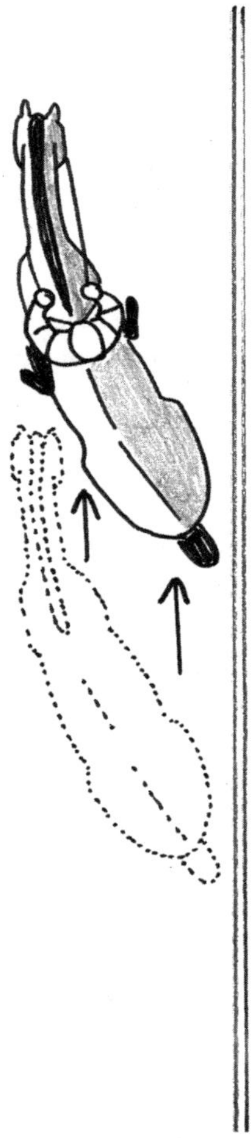

Abb. 72. Renvers

daß der nicht übertretende Hinterfuß nicht zu weit vortritt, um dem anderen Hinterfuß das verlangte Übertreten zu ermöglichen.
Durch das Reiten der Seitengänge werden die Reiter in der Hilfengebung für das Zusammenwirken innerer und äußerer Hilfen und im Gefühl für dieses Zusammenwirken verbessert.

Besondere Übungen im Galopp

Alle hier folgenden Übungen werden nur im versammelten Galopp geritten, der bei entsprechender Biegung und Stellung das richtige Untersetzen der Hinterhand bei guter Beizäumung und Aufrichtung voraussetzt. Da hierbei das richtige Untertreten des inneren Hinterfußes, der die Last vermehrt aufnehmen und mehr gebeugt werden muß, eine große Rolle spielt, muß auch der Reiter sinngemäß seine Einwirkungen geben. Sie bestehen darin, daß der Schwerpunkt des Oberkörpers auf den inneren Gesäßknochen verlegt und den Anzügen sowohl des inneren wie des äußeren Zügels die Richtung nach dem inneren Hinterfuß gegeben wird.
Bei allen Übungen im versammelten Galopp ist darauf zu achten, daß die fleißige Fußfolge in richtiger Dreitaktbewegung erhalten bleibt und daß die Hinterhand keine schleppenden Bewegungen ausführt.

Volten im Galopp

Zu beachten ist, daß der Reiter mit tiefem Knie gut auf dem inneren Gesäßknochen sitzt, mit dem äußeren Schenkel den äußeren Hinterfuß dicht am inneren hält, den Weg der Hinterfüße durch die Schenkel genau bestimmt und möglichst wenig mit der Hand arbeitet. Der äußere Zügel unterstützt den gleichseitigen Schenkel, indem er in der Richtung nach der inneren Hüfte des Pferdes ansteht. Um dem Gehen auf zwei Hufschlägen vorzubeugen, kann dem Pferd eine geringe Schulterherein-Stellung gegeben werden.
Wenn das Pferd bei Volten im Galopp des öfteren ausfällt, sollte man es auf etwas größeren Kreisbögen in schwungvollem und flüssigem Galopptempo reiten und so in besseres Gleichgewicht bringen. Erst dann sollte man es wieder auf die Volte zurückführen.

Abb. 73. Volte im Galopp, schulterhereinartig geritten.

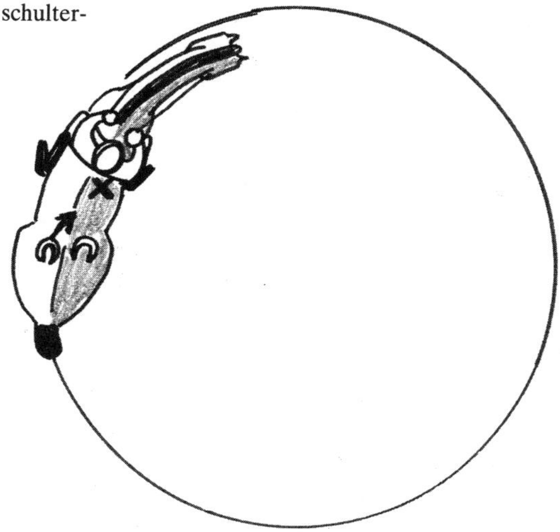

Einfacher Galoppwechsel

a) durch die ganze oder halbe Bahn

Nach richtigem Durchreiten der zweiten Ecke der kurzen Seite wird eine Pferdelänge geradeaus geritten und dann auf die Wechsellinie gewendet. Hierbei muß das Pferd gut am Zügel bleiben, und auf der Wechsellinie muß der Reiter den äußeren Zügel und Schenkel gut anstehen lassen. Am Wechselpunkt angekommen, wird das Pferd zum Schritt durchpariert, umgestellt und neu angaloppiert. Es empfiehlt sich, auf der Wechsellinie etwa zwei Pferdelängen vor dem Wechselpunkt die bisherige Stellung zu verringern, wobei die Schenkel die Hinterhand vermehrt heranhalten und auf die Vorhand einrichten müssen. Bei der Parade zum Schritt muß der bisherige innere Schenkel den gleichseitigen Hinterfuß vermehrt unterschieben; darauf wird die Schenkellage gewechselt, der Reiter sitzt um, stellt das Pferd um und entwickelt in der Ecke, spätestens nach Durchreiten der Ecke, den neuen Galopp. Es empfiehlt sich, die Parade schulterhereinartig auszuführen, weil dann die bisherige Fußfolge leichter aufgehoben, der bisherige innere Hinterfuß mehr beherrscht und dieser als neuer äußerer Hinterfuß mehr festgehalten werden kann.

Das Wechseln des Galopps kann auf der Wechsellinie auch im Moment des Überschreitens der Mittellinie ausgeführt werden, wobei zu beachten ist, daß durch die Wirkung des neuen inneren Schenkels und Zügels das Pferd nicht zum Schleudern der Hinterhand nach außen veranlaßt wird.

b) durch die Kehrtwendung

Für den ersten Teil der Bewegung gelten die Regeln und Hilfen wie bei der Volte im Galopp. Dann wird schräg auf einem Hufschlag gegen die Wand zurückgeritten und dort angekommen das gleiche Verfahren wie beim Wechseln durch die Bahn angewendet. Dieses schräge Zurückreiten an die Wand muß auf einem Hufschlag geschehen und darf nicht traversartig oder gar renversartig ausgeführt werden.

c) durch eine Wendung quer durch die Bahn

Der Reiter wendet mit einer Viertelvolte vom Hufschlag ab und reitet geradeaus zur gegenüberliegenden Wand. Vor Beginn der neuen Wendung wird das Pferd zum Schritt pariert, umgestellt und unter Ausnützung der neuen Wendung nach dem Hufschlag zu neu angaloppiert. Auch bei dieser Art des Galoppwechsels kann das Umwechseln beim Überschreiten der Mittellinie erfolgen.

Außengalopp

Beim Außengalopp ist das Pferd nach der äußeren Seite, also gegen die Wand zu gebogen und gestellt, galoppiert dieser Stellung entsprechend und muß somit gegen seine Biegung wenden.

Durch den Außengalopp wird die Versammlung und Gewandtheit des Pferdes erhöht und der Reiter in seinem Gefühl wie auch in der Einwirkung und Führung verbessert und vervollkommnet.

Die Einwirkungen des Reiters zum Entwickeln des Außengalopps und während des Reitens im Außengalopp sind die gleichen wie beim Innengalopp, nur muß der Reiter beim Reiten von gebogenen Linien (Zirkel, Volte, Eckenreiten usw.) daran denken, daß durch Verhalten des äußeren Zügels das Vortreten der äußeren Beine eingeschränkt und die Stellung etwas verringert werden muß.

Eine fälschliche Renversstellung, bei der das Pferd auf zwei Hufschlägen galoppiert, ist durch Einrichten der Vorhand auf die Hinterhand und verstärktes Anlegen des inneren Schenkels zu beseitigen.

Abb. 74. Stellung im Außengalopp.

Weitere Übungen im Galopp

- Wechseln aus dem Zirkel und durch den Zirkel mit oder ohne Galoppwechsel
- Reiten im Außengalopp auf dem Zirkel oder Volte im Außengalopp
- Reiten einer Acht mit und ohne Wechsel
- Reiten von Schlangenlinien mit und ohne Wechsel

Übergänge aus dem Galopp zum Außengalopp

a) durch eine Kehrtwendung aus der zweiten Ecke der langen Seite

Sie empfiehlt sich besonders zum ersten Einüben, weil nach der Wendung das Pferd an der Wand eine längere gerade Linie vor sich hat, ehe es im Außengalopp durch die erste Ecke gehen muß. Je enger die Kehrtwendung geritten wird, desto leichter ist der Übergang zum Außengalopp.

b) durch Wechseln durch die halbe Bahn

Beim Übergang von der Wechsellinie auf den Hufschlag der langen Seite ist durch verstärkte äußere Zügel- und Schenkelhilfen ein selbsttätiges Umspringen des Pferdes zu verhindern und die Stellung etwas zu verringern.

Den Übergang zum Außengalopp in Verbindung mit dem Wechsel durch die ganze Bahn auszuführen empfiehlt sich nicht, da das Reiten durch die unmittelbar an die Wechsellinie anschließende Ecke zu große Anforderungen an das Pferd stellt.

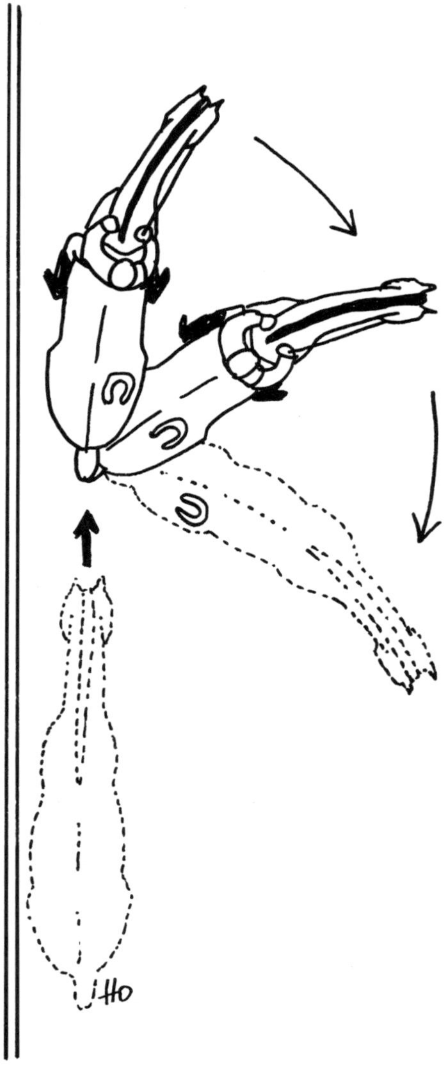

Abb. 75. Kurzkehrtwendung

c) durch einfachen Galoppwechsel auf gerader Linie

Auf gerader Linie wird das Pferd auf dem Hufschlag zum Schritt pariert, geradegerichtet, umgestellt und dann im Außengalopp neu angaloppiert. Je schneller dieses mit dem Umsitzen des Reiters verbundene Umstellen des Pferdes erfolgt, je weniger Zwischentritte dabei gebraucht werden, desto lehrreicher ist die Übung.

d) durch eine Kurzkehrtwendung

Bei der Kurzkehrtwendung soll sich das Pferd in einigen Galoppsprüngen bei erhobener Vorhand um den inneren Hinterfuß herumdrehen. Nach Beendigung der Wendung wird, ohne zu wechseln, im ursprünglichen Galopp weiter geritten.

Es wird daran erinnert, daß die der Kurzkehrtwendung vorausgehende entschiedene Parade vornehmlich mit dem äußeren Zügel, und zwar in Richtung gegen den inneren Hinterfuß ausgeführt werden muß, daß sie aber kein vollkommenes Stillstehen der Bewegung hervorrufen darf. Beim Herumführen der Vorhand muß der innere Schen-

kel den inneren Hinterfuß in der taktmäßigen Bewegung halten und am Zurücktreten hindern, während der äußere Schenkel den äußeren Hinterfuß dicht an den inneren heranhalten muß.
Beim ersten Einüben der Kurzkehrtwendung im Galopp ist zweckmäßig so vorzugehen, daß sie in einer traversartigen Bewegung ausgeführt wird, wobei sich die Hinterfüße auf einem kleinen Kreisbogen bewegen. Allmählich ist dann die Kurzkehrtwendung so zu vervollkommnen, daß das Pferd sie in zwei oder sogar in einem Galoppsprung ausführt (halbe Pirouette).

Angaloppieren aus dem Halten

Zum Angaloppieren aus dem Halten muß das Pferd gut versammelt werden, d. h. die Hinterfüße müssen gut untergeschoben sein, da die Last einen Moment allein auf den Hinterbeinen ruht und durch diese zum Galoppsprung wieder vorgeschnellt wird. Es muß darauf geachtet werden, daß bei richtiger Stellung und Biegung die innere Seite etwas vorgerichtet ist.
Bei Pferden, denen das Angaloppieren aus dem Halten Schwierigkeiten bereitet, erlaubt man vor dem Angaloppieren einige Zwischentritte im Schritt oder versammelten Trab, um die Beugung der hinteren Gliedmaßen zu erreichen.
Ein Angaloppieren auf zwei Hufschlägen ist unter allen Umständen zu vermeiden.

Fliegender Galoppwechsel

Vorbedingung für das Üben des fliegenden Galoppwechsels ist, daß das Pferd auf leichte, fast zeichenartige Hilfen im Innen- und Außengalopp angaloppiert, sich auf jeder Hand, auch im Außengalopp, sicher und erhaben trägt und der Reiter den Augenblick des Wechselns im versammelten Galopp genau bestimmen kann.
Vor dem Wechseln ist das Pferd vollkommen geradeaus zu stellen, da es nur dann den äußeren Hinterfuß und die Diagonale – innerer Hinterfuß, äußerer Vorderfuß – sicher und ruhig wechseln kann.
Bevor der fliegende Galoppwechsel auf gerader Linie ausgeführt wird, empfiehlt es sich, ihn zunächst durch eine Kehrtwendung aus der Ecke, dann auf der Wechsellinie aus und durch den Zirkel oder auf der Wechsellinie durch die Bahn – und zwar am Wechselpunkt oder auf der Mittellinie –,

auf der Schlangenlinie durch die Bahn und endlich auf der Mittellinie bei einer Wendung vom Halbierungspunkt der langen Seite zur gegenüberliegenden langen Seite zu üben.

Während der äußere Hinterfuß durch energisches Anregen mit dem gleichseitigen Schenkel zu tätigerem Abfedern veranlaßt werden muß, wird durch verstärkte Einwirkung des Gesäßknochens auf den bisherigen inneren Hinterfuß dieser festgehalten und gezwungen, nunmehr zum abschiebenden äußeren Hinterfuß zu werden. Gleichzeitig damit ist das Pferd umzustellen und die Einwirkung der Hände zu wechseln.

Durch Vorschieben der jetzt inneren Hüfte, durch vermehrtes Anlegen des jetzt äußeren Schenkels, bei durchhaltendem nunmehr äußerem Zügel und nachgebendem nunmehr innerem Zügel wird das Pferd zum Umspringen veranlaßt, am besten in dem Moment, da der bisherige innere Vorderfuß auffußt. Der innere Schenkel am Gurt muß den jetzt inneren Hinterfuß vermehrt vorholen.

Fehler beim fliegenden Galoppwechsel sind: Seitwärtswerfen der Hinterhand oder Verhalten im Galopp mit hochschnellender Kruppe vor dem Wechseln.

Bei den ersten Übungen des fliegenden Galoppwechsels empfiehlt es sich, ihn immer an gleicher Stelle vorzunehmen, da hierbei die Gewöhnung eine unterstützende Rolle spielt. Jedoch ist zu beachten, daß das Pferd nicht von sich aus, dann meist hinter dem Zügel, sondern erst auf die Hilfen des Reiters den Wechsel ausführt.

Hat das Pferd die Übung des fliegenden Galoppwechsels verstanden und führt es sie an allen angegebenen Punkten richtig aus, so kann man auf dem Hufschlag der langen Seite, kurz nach der Ecke beginnend, durch Abzählen der Galoppsprünge zum Wechseln nach dem 6., 5. und 4. Sprung und weiterhin dann auch noch zum Wechseln nach jedem 3. oder 2. Sprung übergehen.

Der Reiter neigt beim fliegenden Galoppwechsel anfangs dazu, sich zu sehr auf das Umspringen zu konzentrieren. Dabei kommt es öfters zu einer stokkenden Galoppbewegung, bei der sich das Pferd hin und her wirft. Der fliegende Galoppwechsel hat jedoch in ausgeprägter, flüssiger Vorwärtsbewegung in einem erhabenen Galoppsprung zu erfolgen.

Übungen zur Erzielung höchster Versammlung und Durchlässigkeit

Die folgenden Übungen stellen an die Dressur des Pferdes die höchsten Anforderungen und können daher nur von Pferden verlangt werden, die sowohl nach ihrem Gebäude als auch nach ihrem Dressurgrad alle dafür notwendigen Voraussetzungen erfüllen. Ein Teil dieser Übungen wird u. a. bei schweren Dressurprüfungen, etwa bei der olympischen Dressurprüfung, verlangt.

Diese Übungen können mit Erfolg nur von einem sehr gut gebauten und veranlagten Pferd vorgeführt werden, das bezüglich Durchlässigkeit, Versammlung, gymnastischer Durchbildung sowie Gehorsam auf die leisesten Hilfen den höchsten Anforderungen entspricht.

Auch der Reiter muß ein weit über dem Durchschnitt stehender Meister sein, der bei höchstem Gefühl für die Bewegungen des Pferdes in seiner Hilfengebung beherrscht und absolut klar ist.

Versammeln im Gang

Ein Pferd im Gange versammeln heißt, es von hinten nach vorn so zusammenzuschieben und die Hinterbeine derart zum fleißigen, federnden Vortritt unter den Schwerpunkt anzuregen, daß sie sich in allen ihren Gelenken, besonders den oberen, beugen, die Körperlast vermehrt aufnehmen und kraftvoll wieder abschnellen. Der Schwerpunkt des Pferdes wird mehr nach rückwärts gelegt, die Hinterhand mehr belastet und gebeugt, die Vorhand entlastet und mehr aufgerichtet, die Tritte werden erhabener. Die Hinterbeine müssen eng beieinander bleiben, der Hals richtet sich auf und dehnt sich bei willig hergegebenem Genick an die Hand. Der Rücken schwingt federnd im Takt des Ganges auf und ab.

Zur Erzielung einer guten Versammlung muß der Reiter das Pferd geradestellen. Treibende Hilfen regen die Hinterbeine zu lebhaften, schwungvollen Tritten an, die Hände halten den stärkeren Schwung in elastischer Zügelspannung aus, ohne die Hinterbeine am Vortreten zu hindern. Nicht

in der Kürze der Bewegung, sondern in der Erhabenheit und im Schwung des Ganges liegt das Kennzeichen dieser Übung.
Zur Steigerung der Versammlung gehen die Hände aus der elastisch durchhaltenden Zügelspannung zu leicht annehmenden Zügelhilfen über. Die Hand soll einen Teil des Gewichts, das die Hinterbeine in sie hineinschwingen, durch Genick, Hals und Rücken hindurch wieder an die Hinterhand zurückgeben und diese dadurch belasten und beugen. So gelangt man dann zur *Versammlung in halben Tritten*, bei der das Pferd, sich in seinen Hinterbeinen vermehrt beugend, noch mehr Last aufnehmen und in halben, lebhaften, trabartigen Tritten vorwärtsgehen soll. Bei frei getragenem, gut aufgerichtetem Hals wird die Anlehnung leichter, und die Vorderbeine treten erhabener. Durch lebhafte, geschickt mit dem Sporn unterstützte Schenkelhilfen und leichte, im Takt der Tritte gegebene halbe Paraden wird das Pferd zu kurzem, federndem Untertreten und zu vermehrter Belastung der Hinterhand angeregt.
Ein weicher Sitz ist dabei erforderlich. Der Reiter läßt bei leicht zurückgeneigtem Oberkörper sein Gesäß tief im Sattel ruhen und die Schenkel ohne zuviel Spannung lang und in weicher Fühlung am Pferdeleib hängen.
Fehlerhaft ist es, wenn das Pferd nicht geradegerichtet bleibt. Versucht es, hinten seitlich auszuweichen, so weist man ihm eine geringe Schulterhereinstellung an. Verkriecht es sich hinter dem Zügel, muß man vermehrt vortreiben und die Tritte herauslassen.

Die Schaukel

Hierbei wird ein gleichmäßiges Vorwärts- und Rückwärtstreten des Pferdes in einer vorgegebenen Anzahl von Schritten verlangt, z. B.: 3 Tritte rückwärts, 6 Schritte vorwärts, 6 Tritte rückwärts, alles ohne Halten. Danach wird sogleich angeritten, entweder im starken Schritt oder im versammelten Trab.
Die Einwirkungen des Reiters entsprechen denen beim Rückwärtsrichten (siehe S. 138). Die Schaukel muß auf genau gerader Linie geritten werden.
Der Übergang aus der Vorwärts- in die Rückwärtsbewegung und umgekehrt muß energisch und flüssig erfolgen, ohne daß dazwischen ein Moment des Haltens sichtbar wird.

Fliegende Galoppwechsel mit verschiedener Sprungzahl

Diese Galoppwechsel erfolgen nach dem 4., 3. oder 2. Galoppsprung, schließlich auch von Sprung zu Sprung. Auch hierbei ist das Geraderichten Voraussetzung, wie es bei der Übung des fliegenden Galoppwechsels beschrieben wurde (vgl. S. 153 f.). Der Galoppwechsel hat auf ganz gerader Linie und ohne Herausschleudern der Hinter- oder Vorhand zu erfolgen. Das Tempo des Galopps bleibt gleichmäßig und fließend, das Pferd darf sich nicht verhalten und dabei die Hinterhand hochwerfen.

Traversalverschiebungen

Abb. 76 a. Halbe Traversale

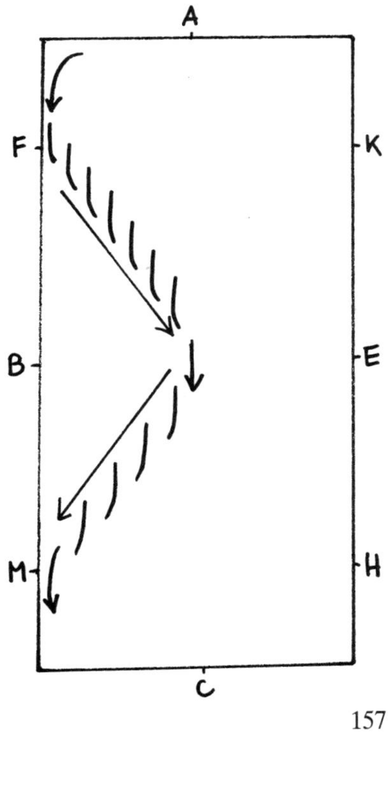

Traversalverschiebungen sind das Ergebnis der Durcharbeitung des Pferdes auf Biegung und Stellung durch Seitengänge; sie erfordern fließendes Wechseln der Stellung und absoluten Schenkelgehorsam. Sie werden als halbe, ganze und Zickzack-Traversalen geritten.

Bei der *halben Traversale* geht die Bewegung von der langen Seite (Wechselpunkt) bis zur Mittellinie (Mittelpunkt der Bahn) und von da nach Umstellung zurück zur langen Seite (Wechselpunkt). Sie kann auch unmittelbar nach Abwenden von der kurzen Seite auf die Mittellinie, von dieser zur langen Seite (Halbe-Bahn-Punkt) und von da nach Umstellung zurück zur Mittellinie geritten werden.

Bei der *ganzen Traversale* geht die Bewegung von der langen Seite

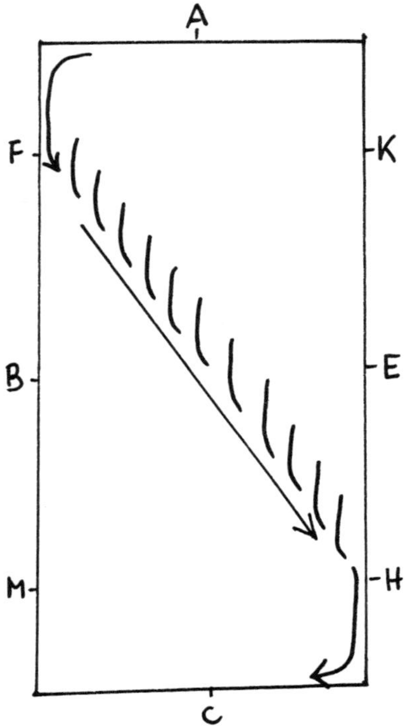

Abb. 76 b. Ganze Traversale

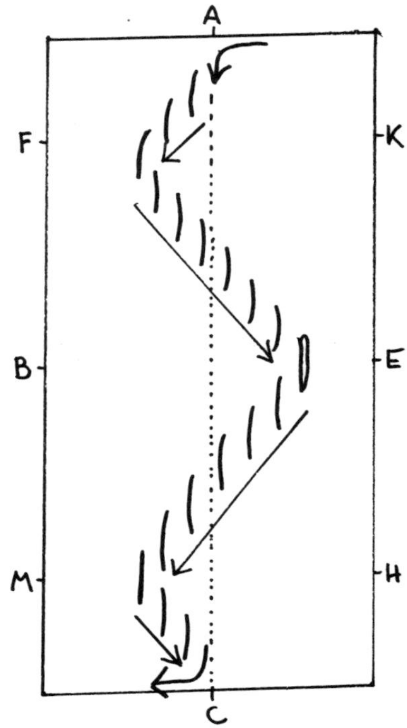

Abb. 76 c. Zickzack-Traversale

(Wechselpunkt) zur gegenüberliegenden langen Seite (Wechselpunkt oder Halbe-Bahn-Punkt). Die Übung kann auch als doppelte oder dreifache Traversale von langer zu langer Seite geritten werden.

Bei der *Zickzack-Traversale* wird das Pferd von der Mittellinie ausgehend abwechselnd nach rechts und links bis zu einer bestimmten Entfernung von der Mittellinie geführt.

Bei den Traversalverschiebungen muß der Reiter schräg vorwärts und bei jedem Umstellen des Pferdes einen Tritt geradeaus reiten. Leichte, gut abgestimmte Gewichtshilfen mit nicht zuviel seitwärtsschiebendem, vor allem nicht zuviel äußerem Schenkel sind nötig. Das Pferd muß während der ganzen Bewegung gleichlaufend zum Hufschlag der Mittellinie gerichtet sein, die Hinterhand darf nie so weit zur Seite geschoben werden, daß sie der Vorhand im seitlichen Sinne vorausgeht. Während der Traversalverschiebung muß das Pferd gleichmäßig im Takt bleiben. Die äußeren Füße treten vor und über die inneren.

Die Pirouette

Die Pirouette ist eine Wendung auf der Hinterhand im versammelten Galopp um 360 Grad (bei der halben Pirouette um 180 Grad), wobei sich der äußere Hinterfuß und die Vorhand in mehreren, gleichmäßig großen Galoppsprüngen um den inneren Hinterfuß und dieser sich auf einem klei-

Abb. 77. Pirouette

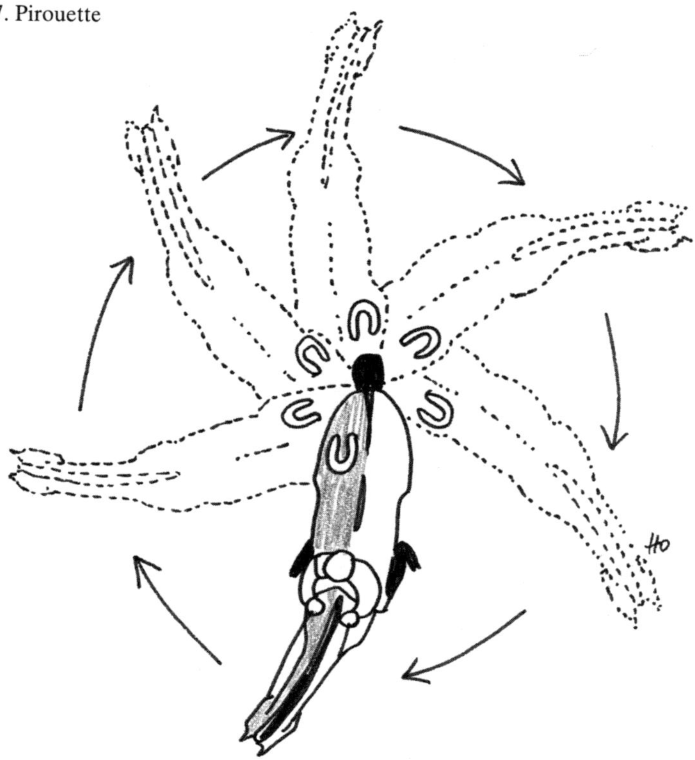

nen Kreisbogen bewegt. Das Pferd muß diese Galoppsprünge in richtiger Dreitaktfolge, in guter Versammlung und Stellung und mit guter Hankenbeugung auf möglichst engem Raum ausführen. Der innere Hinterfuß übernimmt vermehrt die Last, die ihm die anderen drei Füße zuschieben. Das Pferd muß während der Pirouette gut am Zügel bleiben (nicht hinter den Zügel kommen) und darf sich nicht herumwerfen oder mit der Hinterhand ausfallen.

Die Piaffe

Die Piaffe ist eine trabartige, erhabene, taktmäßige Bewegung auf der Stelle, bei der die diagonalen Beinpaare ihre Gelenke beugen und sich abwechselnd heben und niedersetzen. Die Hinterbeine tragen dabei den größeren Teil der Gesamtlast, während die Vorderbeine nur leicht stützen. Die Kruppe ist gesenkt, die Vorhand erhoben, die Rückenmuskeln federn elastisch, während die Lendenmuskeln entspannt und nicht nach oben gespannt sind – also kein aufgewölbter Rücken!

Abb. 78. Piaffe

In vollendeter Ausführung werden die Vorderfüße bei angezogenen Hufen so gegen die Brust gehoben, daß die Unterarme, vom Ellenbogengelenk bis zum Vorderfußwurzelgelenk, waagrecht stehen. Sie werden dann wieder genau senkrecht auf die gleiche Stelle niedergesetzt, von der sie abgehoben wurden, während die Hinterfüße so weit gehoben werden, daß ihre Hufe bis über die Höhe des Fesselgelenks reichen. Der Rumpf bewegt sich in elastischer, kaum sichtbarer Federung auf und ab.

Die Passage

Die Passage ist eine schwebende Trabbewegung, bei der neben der Tragkraft auch die Schubkraft der Hinterhand vermehrt mitwirkt. Wie bei der Piaffe bleibt das erhobene diagonale Beinpaar eine Zeitlang in der Luft, wodurch die Schwebebewegung entsteht.
Je nach der Veranlagung und dem Gebäude des Pferdes werden bei der Passage die einzelnen Tritte erhabener oder geräumiger sein. Die Bewegung selbst gleicht der des versammelten Trabs, verläuft aber in ihren Pha-

Abb. 79. Passage

sen langsamer als diese. Bei den einzelnen Tritten des Zweitakts werden die oberen Gelenke mehr gebeugt, und der Moment der freien Schwebe kommt klar und deutlich zum Ausdruck. Dadurch entsteht der Eindruck, daß die Bewegung in zeitlupenartigem Tempo ausgeführt wird. Je kräftiger das Pferd vom Boden abfedert, je höher es die Beine hebt, je gleichmäßiger die Tritte ohne Seitwärtsschwingen des Rumpfes sind, um so vollkommener und schöner ist die Passage. In diesen schwebenden Bewegungen müssen sich die Rückenmuskeln anspannen, ohne daß sich aber das Pferd steif oder fest macht.

Das in der Passage gehende Pferd muß bei vollkommener Haltung, beim Beugen aller Gelenke und beim taktmäßigen Abkauen bei jedem Tritt, trotz höchster Versammlung, den Eindruck völliger Zwanglosigkeit machen.

Bei allen diesen Übungen muß das Pferd im absoluten Gehorsam und in höchster Versammlung einwandfrei zwischen Schenkel und Zügel stehen und den leisesten Hilfen gehorchen; der Reiter aber gibt in vollendeter Haltung, bei ruhigem Oberkörper und ruhiger Schenkellage seine Einwirkungen, die auf ein Minimum beschränkt sind und dem Auge kaum sichtbar sein dürfen.

Nur dann entsteht der Eindruck höchster Harmonie zwischen den beiden Lebewesen Pferd und Reiter, die anscheinend nur von einem Gedanken beseelt und beherrscht werden und die in ihrer Gesamtheit nicht nur als ein Bild wahrhafter Schönheit, sondern auch als vollendetes Kunstwerk erscheinen.

Schlußbemerkungen

Ich glaube, meine Ausführungen nicht besser schließen zu können, als eine Stelle aus einem Buche unseres großen Theoretikers, des *Oberst v. Heydebreck*, wörtlich wiederzugeben, wo es heißt: »Zusammenfassend läßt sich das Gesamtbild des gutgerittenen Pferdes folgendermaßen kennzeichnen: Sicher und leicht auf- und abfußend, bewegt es sich in reiner Fußfolge, aus eigenem Antrieb eifrig vorwärtsstrebend und doch ohne jede Unruhe und Eile, auf den angewiesenen Hufschlaglinien willig und zwanglos dahin. Der Hals wölbt sich vor dem Reiter in gleichmäßigem Bogen nach oben, der Kopf ist bei hergegebenem Genick so weit herangestellt, daß die Stirnlinie etwas vor der Senkrechten steht. Die Ohren bilden den höchsten Punkt, sind weder nach vorn gespitzt noch angelegt, sondern geben durch ihre natürliche Haltung die Willigkeit des Pferdes und seine Achtsamkeit auf den Reiter zu erkennen. Das Auge ist vertrauensvoll nach vorn auf den abzuschreitenden Weg gelenkt, das Maul geschlossen, und doch deutet leichter Schaum darauf hin, daß das Pferd am Gebiß kaut, ohne daß man irgendwelches Knirschen hört. Die Zügel befinden sich, ohne Falten zu schlagen, in gleichmäßiger und steter Anlehnung, man sieht aber am Federn der Kandarenanzüge, daß sie nur ganz leicht anstehen und durch vertrauensvolles Herantreten des Pferdes an das Gebiß in einer gewissen Spannung erhalten werden. Bei vorübergehendem Nachgeben der Hand behält das Pferd Haltung und taktmäßigen Gang bei und zeigt damit, daß es sich nicht auf den Zügel stützt, sondern sich selbst trägt. Gibt der Reiter vermehrt nach oder verlängert er den Zügel, so streckt es Kopf und Hals vertrauensvoll nach vorn, ohne nach unten zu bohren oder nach oben zu schlagen. Es sucht gleichsam den Zügel.

Unmerkliches, leichtes Schließen der Hand bringt das Pferd in eine kürzere Gangart oder zum Halten, wobei es in voller Haltung, auf allen vier Beinen die Last tragend, unbeweglich still steht. Auf leichten Schenkeldruck nimmt es sofort ohne Zögern die verlangte Gangart an.

Alle Bewegungen sind völlig frei von Zwang und erfolgen offensichtlich aus dem in leichten Schwingungen federnden Rücken. Der ruhige, gefällige Sitz des Reiters gibt Zeugnis davon, wie wohl er sich auf dem Pferde fühlt und wie bequem es geht. Und doch ist alles im Schwung! Jeder Tritt und jeder Sprung erfolgen aus den sich in ihren oberen Gelenken willig biegenden und kraftvoll abfußenden Hinterbeinen, die den Pferdekörper, je nach dem Versammlungsgrad und der Stärke der Gangart, entweder kraftvoll vorwärtsschieben oder ihn vermehrt stützen. Dabei entziehen sie sich in den freieren Gängen dennoch nicht ihrer Aufgabe, die Vorhand zu entlasten, und behalten andererseits in den versammelten Gängen, in denen sie in verstärkter Biegung ihre Schubkraft zugunsten ihrer Tragkraft einschränken, doch ihren kräftigen Abschub. Sie befähigen dadurch die Vorderbeine zu leichtem Abfußen und gestatten ihnen, entweder in freiem Vortritt nach

vorwärts Raum zu gewinnen oder unter Einschränkung der raumgreifenden Vorwärtsbewegung aus der Schulter heraus bei beinahe waagrecht erhobenem Vorarm erhabener zu treten und vom Boden, ihn scheinbar nur leicht berührend, elastisch federnd abzufußen.
Von der Seite gesehen hat man den Eindruck, als ob der Reiter in der Mitte des Pferdekörpers sitzt, indem er ebenso viel vom Pferde vor wie hinter sich hat. Von den Ohren bis zum Leib und locker getragenen Schweif verläuft die obere Linie des Pferdes in einem leicht geschwungenen, wellenförmigen Bogen; nirgends ist eine scharfe Ecke. Der Widerrist steht etwas höher als der höchste Teil der Kruppe.
Von vorne gesehen fußt niemals, außer in den Seitengängen, ein Hinterfuß seitlich des Hufschlags der Vorderfüße. Der Pferdekopf steht senkrecht, so daß sich beide Ohren in gleicher Höhe befinden, der Hals ist in Verlängerung des Pferdekörpers gerade nach vorn gerichtet, wobei beim Reiten in Stellung innere Stirnseite, innere Schulter und innere Hüfte etwa in einer Linie stehen. Die Schultern des Reiters ragen auf beiden Seiten des Pferdehalses gleichmäßig hervor, sein Kopf erscheint mitten über den Pferdeohren.
Pferd und Reiter sind scheinbar miteinander verschmolzen, sie bilden gleichsam ein fein ausbalanciertes Ganzes, ein lebendes Kunstwerk, das durch seine gefällige äußere Form und seine anmutigen, mit der Genauigkeit eines Uhrwerkes geregelten und doch kraftvollen Bewegungen schön wirkt.«

Erläuterung einiger Begriffe und Fachausdrücke

Reitbahn: eine bedeckte Halle, meist in den Größen 40 × 20 m oder 60 × 20 m.

Reitplatz: ein offener Platz, der durch Kegel oder Fahnen abgesteckt wird. Größe je nach Bedarf. Besonders geeignet zum Reiten von Mitteltempi oder starken Tempi.

Bande: die schrägen Wände, die an den vier Seiten der Reitbahn angebracht sind.

Innere Seite der Reitbahn: die zur Mitte hin gelegene Seite der Reitbahn.

Äußere Seite der Reitbahn: die zur Wand hin gelegene Seite der Reitbahn.

Innere Seite des Pferdes: die Seite, nach der das Pferd gebogen bzw. gestellt ist – also die hohlgebogene Seite – oder beim Reiten geradeaus die nach dem Inneren der Bahn gerichtete Seite.

Äußere Seite des Pferdes: die der inneren Seite entgegengesetzte Seite, also die Seite, nach der das Pferd vollgebogen (gewölbt) ist oder beim Reiten geradeaus die der Wand zugerichtete Seite.

Innerer, äußerer Schenkel; innere, äußere Hand: richten sich nach der inneren beziehungsweise äußeren Seite des Pferdes.

Reiten auf der rechten Hand: wenn die rechte Seite des Pferdes dem Inneren der Reitbahn zugewandt ist.

Reiten auf der linken Hand: wenn die linke Seite des Pferdes dem Inneren der Reitbahn zugewandt ist.

Hufschlag: der Weg, den das Pferd beim Reiten einer Bahnfigur beschreitet.

Auf dem Hufschlag reiten: das Reiten unmittelbar neben der Bande der Reitbahn. Wird längere Zeit auf dem Hufschlag geritten, so entsteht eine muldenförmige Vertiefung, deren Ränder als innerer beziehungsweise äußerer Hufschlagrand bezeichnet werden.

zweiter Hufschlag: ein neben dem Hufschlag liegender Hufschlag, dessen äußerer Rand mit dem inneren Rand des an der Bande liegenden Hufschlags zusammenfällt.

Paraden: verhaltende Einwirkungen des Reiters . . .

Ganze Paraden: durch die das Pferd aus jeder Gangart zum Halten gebracht wird.

Halbe Paraden: durch die das Pferd einen Augenblick verhalten, seine Haltung verbessert, das Tempo der jeweiligen Gangart gemäßigt oder die Gangart von einer höheren in eine niedrigere verkürzt wird.

Arrêts: Einwirkungen der Hände, durch die die Aufmerksamkeit des Pferdes vermehrt auf den Reiter gelenkt wird, z. B. an den Paradepunkten des Zirkels und vor Beginn oder während einer Hufschlagfigur.

Sakkaden: kurze, fast strafende Einwirkungen der Hände, die von bestimmtem Einfluß auf die Haltung des Pferdes oder auf das Tempo der Gangart sind.

Haltung des Pferdes: seine Ansicht von der Seite gesehen.

Stellung des Pferdes: seine Ansicht von oben gesehen (seitliche Biegung der Wirbellinie beziehungsweise seitliche Stellung des Genicks und der Lenden- und Kreuzbeinwirbel)

Beugung der Gelenke: Verengung der Winkel des Genicks, des Halses, des Hüftgelenks, des Knie- und Sprunggelenks.

Streckung der Gelenke: Erweiterung der oben genannten Winkel dieser Gelenke.

Vorwärtsreiten: das Pferd zu schwungvolleren, aber nicht eiligeren Bewegungen veranlassen.

Tempo: die Geschwindigkeit, mit der das Pferd in einer bestimmten Zeit und in einer bestimmten Gangart eine bestimmte Strecke zurücklegt, z. B.:

Gebrauchsschritt	125 Schritt/Minute
Gebrauchstrab	275 Schritt/Minute
Mitteltrab	300 Schritt/Minute
Mittelgalopp	350 Schritt/Minute
Gebrauchsgalopp	500 Schritt/Minute

Die Gebrauchstempi werden nur im Gelände geritten.

Takt: die gleichmäßige Zeitfolge und gleichbleibende Länge der Tritte beziehungsweise Sprünge innerhalb eines bestimmten Tempos.

Schwung: die energisch abstoßende und federnde Tätigkeit der Hinterhand in den höheren Gangarten.

Eilen: eine rasche, aber nicht takt- und schwungvolle Bewegung des Pferdes in den verschiedenen Gangarten.

Vortreten (der Hinterhand): das Vorsetzen der Hinterbeine in Richtung auf die gleichseitigen Vorderbeine.

Das Pferd tritt über: es tritt mit den Hinterbeinen über die Spur der Vorderbeine hinweg.

Das Pferd tritt nicht genug vor: es bleibt mit den Hinterbeinen hinter der Spur der Vorderbeine zurück.

Untertreten (der Hinterhand): das Vortreten der Hinterbeine des Pferdes gegen die Bewegungslinie seines Schwerpunkts.

Ausfallen (der Hinterhand): das Pferd setzt die Hinterbeine nicht in Richtung der Vorderbeine, sondern nach außen.

Ausweichen (der Hinterhand): das Pferd setzt die Hinterbeine nicht in Richtung der Vorderbeine, sondern nach innen.

Abstellung: gibt an, wie weit beim Reiten auf zwei Hufschlägen die Vorhand oder die Hinterhand vom Hufschlag (an der Wand) entfernt ist. Bei Gebrauchspferden wird eine Abstellung von höchstens einem Schritt (= 80 cm) gefordert.

Am Zügel stehen: die stetig gleichbleibende federnde und bestimmte (weder harte noch lose) Verbindung zwischen Pferdemaul und Reiterhand.

Abstoßen am Gebiß: durch das Beizäumen soll die Verbindung zwischen Pferdemaul und Reiterhand nicht fester werden, sondern das Pferd soll, ohne mit dem Unterkiefer nach rückwärts auszuweichen, im Genick nachgeben, also den Genickwinkel verengen (beugen).

Kauen am Gebiß: das Pferd soll nicht tot im Maul sein, sondern es soll, ohne mit der Zunge zu spielen oder diese über das Gebiß zu legen, durch leichtes Öffnen und Schließen des Maules zeigen, daß es fortwährend an das Gebiß herantritt und sich sofort wieder vom Gebiß abstößt; dadurch entsteht die leichte Schaumentwicklung im Pferdemaul.

Beizäumen: die Einwirkungen, durch die die Nase des Pferdes bis fast an die Senkrechte gebracht und durch die die oberen Gelenke (Hanken) der Hinterhand mehr gebeugt werden.

Aufrichten: Einwirkungen, durch die die Hinterhand des Pferdes mehr gebeugt und zu vermehrtem Untersetzen veranlaßt wird (relative Aufrichtung), verbunden mit Einwirkungen der Hände, durch die der Halswinkel mehr verengt, der Hals also gehoben und mehr aufrechtgestellt wird (absolute Aufrichtung).

Reitertakt: die Einfühlung des Reiters in alle Bewegungen des Pferdes, sein Mitgehen in alle Bewegungen und das Erkennen seiner seelischen Eigenschaften und seines körperlichen Zustandes.

Literaturhinweise

Oberst Kurt Albrecht, Dogmen der Reitkunst, Wien 1981

Oberst Kurt Albrecht, Meilensteine auf dem Weg zur »Hohen Schule«, Hildesheim 1983

Harry Boldt, Das Dressurpferd, Lage 1981

Udo Bürger, Vollendete Reitkunst, Berlin 1982

H. D. V. (Reitvorschrift des dt. Heeres), Berlin 1926

Hans von Heydebreck, Das Gebrauchspferd und seine Ausbildung. Neudruck Hildesheim 1983

Reiner Klimke, Grundausbildung des jungen Reitpferdes, Stuttgart 1980

Alfred Knopfhart, Grundlagen des Dressurreitens, Berlin-Hamburg 1979

Hans Joachim Köhler, Reiten mit Vernunft. Eine Reitlehre. Luzern 1979

Wilhelm Müseler, Reitlehre, Berlin 1981

Alois Podhajsky, Die klassische Reitkunst, München 1965

Alois Podhajsky, Die praktische Reitschule, München 1980

B. Schirg, Die Reitkunst im Spiegel ihrer Meister, Hildesheim 1983

Waldemar Seuning, Meister der Reitkunst und ihre Wege, Berlin-Hamburg 1981

Waldemar Seuning, Von der Koppel zur Kapriole, Freiburg 1980

Gustav Steinbrecht, Das Gymnasium des Pferdes. Neudruck Hildesheim 1973

Horst Stern, So verdient man sich die Sporen, Stuttgart 1982

Wolfgang von Unger, Meister der Reitkunst, Hildesheim 1983

Richard L. Wätjen, Dressurreiten, Berlin-Hamburg 1978

Carl Gustav Wrangel, Das Buch vom Pferde, Neudruck Hildesheim 1975

Xenophon, Über die Reitkunst, Hamburg 1977

Sachregister